다음 세대를 생각하는
인문교양 시리즈

아우름 34

배우면 나와 세상을
이해하게 됩니다

우리가 공부해야 하는 이유

이권우 지음

샘터

더불어 행복해질 수 있는
공부의 가치

남들은 고통스러워하고 어떻게든 하고 싶지 않은 일이라 치부하지만, 누구에게나 즐겁고 행복하게 하는 일이 있게 마련입니다. 많은 사람이 지긋지긋해 하는 공부가 나는 그 무엇보다 즐겁고 행복했습니다. 앗, 오해하지는 마세요. 어릴 적부터 학교 성적이 좋았고, 남들이 부러워하는 대학에 들어가는 데 소용되는 공부를 잘하고 좋아했다는 뜻은 절대 아닙니다. 어느 면에서는 그런 공부는 젬병이었습니다. 답답하고 재미없고, 그래서 즐겨하지 않았습니다. 그러나 주변의 반대에도 국문과를 들어가고 나서 참다운 공부의 맛을 알았고, 부족하지만 평생 그 공부를 즐길 수 있는 사람이 되었을 뿐입니다.

국문과를 들어가겠다고 했을 적에 담임 선생님은 반대하셨습니다. 집안 사정을 보건대, 영문과라도 가야 나중에 입에 풀칠이라도 하지 않겠느냐는 현실적인 제안이었습니다. 하지만, 나는 어린 날의 불행을 잊게 해준 책이 너무 좋았고, 그래서 그 세계만을 탐닉하고 싶었습니다. 결국 잘한 선택이었습니다. 대학에 들어오니 나는 그야 말로 잔챙이였습니다. 선배 가운데는 이미 문인이 된 사람이 여럿 이었고, 동기 가운데 전국 규모의 백일장을 휩쓴 이들도 있었습니다. 무엇이든 새로웠고 신기했고 그러는 가운데 많은 것을 비로소 깨달았습니다. 읽고 토론하고 쓰며 내가 부쩍 성장하는 경험을 했습니다.

그러니, 나는 공부에 대해 말할 자격이 있습니다. 잘난 사람이어 서가 아닙니다. 성장과 변신을 겪었기에 그러하다는 말입니다. 학교 에서 가르쳐주는 공부에서는 변변치 못했으나, 책을 중심으로 자유 롭게 이루어지는 공부에서는 성취가 있었습니다. 스스로 도서평론 가라는 직함을 달고 오랫동안 나부댔던 힘도 이때 비로소 얻었습니다. 그리고 더욱 중요한 게 있습니다. 공부는 한때 하고 마는 것이 아니라 평생 해야 한다는 점을 깨우쳤다는 겁니다.

제도권의 학교를 졸업하면 공부가 끝난다는 생각이야말로 가장 잘못된 편견입니다. 그것은 아마도 대학에 들어가는 데만 소용되는 공부일 터입니다. 공부는 그것으로 제한할 수 없습니다. 나와 세계와 우주의 근본원리와 변화의 법칙을 궁구하는 것이 본디 공부의 의미입니다. 이미 알고 있던 것도 공부하면서 잘못된 것이라 깨닫고 새로운 것을 찾아 나서는 것이 참된 공부의 가치입니다. 거기다 공부는 나만 잘사는 세계에서 벗어나 남의 고통을 이해하고 더불어 행복해질 수 있는 세계를 꿈꾸게 해줍니다.

공부를 주제로 한 책을 쓰기로 한데는, 이 작지만 소중한 경험을 공유하고 싶어서였습니다. 어른들이 청소년에게 흔히 하는 말이 공부는 다 때가 있다는 겁니다. 나는 이 말에 반기를 들고 싶었습니다. 공부는 늘 때에 맞게 해야 하는 거라고 말입니다. 지금은 어느 때인가요? 인공지능과 로봇이 삶의 현장으로 치고 들어오는 이른바 4차 산업혁명의 시대입니다. 과거의 공부 방식으로 미래 시대를 준비할 수 없습니다. 깊이 반성하고 새로운 방법을 찾아내야 마땅합니다. 변화하는 세상을 바라보며 느낀 바를 전하고 싶었습니다. 흔히 말하는 창의력과 상상력이 얼마나 중요한지, 그리고 그것을 성취하려면 어떤 공부를 해야 하는지 말하려고 애썼습니다.

여러모로 궁리해보아도 그 방법은 '오래된 미래'였습니다. 쓰려고 읽는 과정에서 누구든 엄청난 변화를 겪으리라는 확신이 들었고, 그 말을 하고 싶었습니다. 그리고 또 하나. 공부를 통해 공감하는 능력을 키우지 않으면 안 된다는 말도 꼭 하고 싶었습니다. 비록 작은 책이지만, 내가 품은 문제의식이 여러 사람에게 공유되고, 이를 바탕으로 활발한 논의가 일어나길 소망합니다.

　이 작은 책을 쓰는 데도 많은 분의 책을 바탕힘으로 삼았습니다. 책에 기대 사는 사람이라 어찌할 수 없는 모양입니다. 일일이 인사 드리지 못하나, 감사한 마음을 전합니다. 당신의 책을 공부해 또 하나의 책이 나왔으니, 기뻐해주리라 믿습니다.

2018년 세밑에
이권우

| 차 례 |

1장.

막 내린
'공부 전쟁'의 시대

되물림된
입시 전쟁

공부하라는 말을 가장 자주 들었던 때가 청소년 시절이었던 듯 싶다. 직업이 학생이니 공부하는 게 맞다. 그렇지만 공부 말고도 하고 싶었던 일이 얼마나 많았던가. 당장 운동장에 달려 나가 축구나 농구를 하고 싶기도 했고, 벗이랑 영화관으로 뛰어가고도 싶었다. 어떤 때는 교과서나 참고서를 덮고 종일 소설책이나 만화책을 보고 싶기도 했다. 하지만 현실은 냉정했다. 무엇을 하든 당장 집어치우고 공부하라는 불호령이 떨어지기 일쑤였다. 내가 청소년이었을 때는 지금과 비교하면 대학입시가 주는 압박감이 상대적으로 약한 편이었다. 그런데도 그 시절 귀에 못이 박이도록 들은 낱말이 공부

배우면 나와 세상을 이해하게 됩니다

였다.

이유야 많았다. 가난한 집안 출신이라면, 가문의 영광을 재현하기 위해 반드시 공부해야 한다는 압박을 받았다. 그럴 만했다. 소를 팔아서라도 가르치겠다는 부모의 의지에 값하려면 죽으라고 공부해야 했다. 상급학교 갈 적마다 입학시험이 있었고, 이른바 명문대를 가야 비로소 출셋길이 열렸다. 중학교 입시가 있을 적에 초등학교에서 얼마나 공부를 했는지 회상하는 어른들을 보노라면, 안쓰럽다는 생각이 든다. 고등학교 입시는 꽤 오랫동안 남아 있었다. 지역마다 명문 고등학교가 있었고, 거기에 들어가면 명문대는 떼놓은 당상이라는 생각이 팽배해있는지라 일찌감치 입시 전쟁에 빠져들었다.

하기 싫은 공부를 열심히 하게 하는 제도라면 환영할 만한 일이겠지만, 문제가 단순하지 않았다. 사지선다형으로 대표되는 문제풀이식 교육을 강행했고, 예민한 감수성과 상상력을 자극하는 교육은 뒷전으로 밀렸다. 다양한 가치를 서로 존중하는 분위기보다는 점수와 등수가 모든 것을 결정한다는 승자독식의 가치관을 심어놓았다. 더욱이 특정대학, 특정학과에 들어가야 한다는 압박감이 많은 젊은이의 영혼을 질식 상태로 몰아놓았다. 문과라면 법대, 이과라면 의대라는 공식은 결코 무너지지 않는 철옹성이었다. 그나마 예비고사와 본고사로 이원화한 대입제도 덕에 일정한 세대는 교양을 쌓는 기회가 있기는 했다. 그러나 어디까지나 상대적인 면이지 절대적인 차원에서 수준 높은 교양을 쌓는 교육은 이루어지지 않았다.

공부는 결국 입시하고만 연계되었다. 그리고 입시의 결과는 대학과 학과로 결판났다. 이 궤도에서 벗어나면 실패한 것으로 평가받거나 좌절감을 느껴야 했다. 당연히 숱한 사회문제를 낳았다. 그나마 경제성장이 이루어지면서 다양한 학과 출신이 사회진출에 성공하면서 숨통이 트였다. 하지만 관성은 사라지지 않았다. 부모가 실패했다면, 자식 세대에서는 반드시 성공하고 싶어 했다. 더 강한 압박으로 입시 위주의 교육을 강행했다. 배우는 사람의 소질이나 취향은 고려되지 않았다. 부모의 바람이 더 큰 변수였다. 이미 두루 갖춘 부모도 예외는 없었다. 자신이 어떻게 우리 사회에서 성공했는지 아는 처지에서는 자녀에게도 걸어온 길을 되밟으라 할 수밖에 없었다. 그 길이 성공하는 지름길인데, 굳이 막거나 다른 길로 가라 권할 이유가 없지 않은가. 아버지가 나온 대학 또는 학과를 나오라는 강한 압박에서 자란 사람을 흔하게 만날 수 있다. 적성이 맞으면 다행이었으나, 안 그랬을 경우에 그 사람이 겪어야 했던 고통과 방황은 이루 말할 수 없다. 그런 측면에서 교육을 둘러싼 우리의 상황은 홉스가 말한 자연상태, 말하자면 늘 전쟁상태였다.

배우면 나와 세상을 이해하게 됩니다

창의력과 상상력이
설 자리가 없다

　왜 우리는 오랫동안 단순암기, 강의식 교육, 선다형 문제, 강고한 학벌의식에서 벗어나지 못했을까? 다른 무엇보다 경제 토대의 문제를 살펴볼 필요가 있다. 자생적 근대화의 가능성은 일제가 식민지 체제로 그 싹을 잘라버리면서 사라졌다는 사실은 두루 잘 알고 있을 터다. 일제강점기 우리 산업은 오로지 일본의 필요에 따라 불균형하게 발전했다. 해방이 그것을 바꿀 가장 좋은 기회였으나, 분단과 전쟁으로 모든 꿈은 물거품이 되었다. 다시 시작해야 했다. 그 시작은 박정희식 경제성장으로 나타났다. 선진국이 더는 우월성을 확보할 수 없는 산업을 이전받아 급속한 발전을 이루는 방식이었다. 쉽게 말하면 공장부터 기계까지 우리 스스로 세우고 만든 것은 하나도 없었다. 분해해서 이전하고, 조립해 운영하면 되었다. 울산에 조성했던 산업단지를 떠올리면 된다. 그렇다면 교육의 목표는 무엇이 되어야 하는지 뚜렷해진다.

창의력 있고 상상력을 갖춘 사람이 공장에 들어올 필요가 없다. 주어진 매뉴얼대로 공장과 기계를 작동해야 하건만, 그런 사람이 직원이 되어 새로운 방식으로 운영하려들면 사달이 날 게 뻔하다. 말하자면 매뉴얼을 정확하게 읽고, 이를 실행할 만한 노동자 양성이 시급했다. 공고나 상고를 세우고, 여기에 각종 혜택을 주어 우수한 청소년을 유치한 사정을 생각하면 충분히 이해될 터다. 그러니 학교 교육도 같은 방식을 따를 수밖에 없었다. 주어진 텍스트를 대상으로 교사가 강의하면, 학생에게 가장 중요한 것은 그것을 제대로 이해하고 암기하여 주어진 문제를 그 방식에 맞춰 풀이하는 것이었다. 대학까지 안 가고도 그런 능력을, 그것도 속성으로 키워야 한다는 강박이 우리 교육의 실체였다.

대학은 왜 필요했을까? 나라 경제를 전체적으로 조망하고, 산업을 관리하며, 이를 키워나갈 인재가 필요했다. 그러다보니 이런 인재는 강력한 경쟁시스템에서 걸러내야 했다. 일반기업으로 가기보다 정부에서 관료로 일하는 것이 더 좋으니, 고시제도를 만들어 이들을 유혹했다. 고급 공무원이 되어 일정기간 현장을 익히면 선진국

　　　　　　　배우면 나와 세상을 이해하게 됩니다

의 대학이나 연구기관에 보내 최신이론을 배워왔다. 그 이론대로 국가와 경제를 운영하면 된다고 믿었다. 일정기간에는 이 방식이 효과적이어서 가난한 나라가 중진국 수준에 오르는 데는 분명히 큰 도움이 되었다. 그러나 부작용이 심했다.

당장 사회가 이원화했다. 엘리트와 민중 사이에는 건널 수 없는 심연이 놓였다. 한쪽은 늘 기획자요 집행자였다. 한 사회의 머리 기능을 맡았다. 여기서 국민의 공복이라는 의식보다 군림하는 엘리트의 모습이 나타났다. 일하는 사람은 산업일꾼이라는 수사에도 불구하고, 늘 종속된 삶을 살아야 했다. 특히 공해산업과 저임금 구조를 바탕힘으로 이루어진 성장은 일하는 사람의 일방적 희생을 요구했다. 발전하고 성장하는 만큼 갈등이 커지고 훗날 이것이 경제발전의 발목을 잡기에 이른다.

명백하게 이원화한 세상에서 어느 쪽을 택할지는 불을 보듯 뻔하다. 공부해 오로지 사회의 엘리트가 되고, 그래서 지배받느니 지배하는 자리에 있겠다는 목적만이 남았다. 다른 것은 희생되어도 괜찮다는 의식이 광범한 동의를 얻었다. 목적이 뚜렷하니 수단은 어떤 것이어도 좋다는 식이었다. 목적을 이루는 데 병영문화만큼 좋은 게 어디 있겠는가. 학교에서 군사훈련을 받아서가 아니라 교육자체가 병영문화의 성격을 띤 데는 이런 이유가 숨어 있었다.

공부 중독에
빠진 이유

21세기다. 엄청난 패러다임의 변화를 몰고 왔다. 질주하는 자본
주의는 복병을 만나 치명상을 입었다. 과학기술의 발전은 상상을 뛰
어넘고 있다. 말 그대로 변화의 시대다. 교육도 바뀌었어야 마땅하
다. 누구나 이 명백한 사실을 알고 있지만, 현실은 아무것도 바꾸지
못했다. 여전히 학벌은 강고하며, 여러 차례 입시제도가 바뀌었지만,
교사가 일방적으로 학생에게 가르치는 구태를 반복하고 있다. 오히
려 더 옥죄고 있다는 인상이 강하다. 그러니, 요즘 청소년이 어떤 상
황에 놓여 있는지 짐작이 간다. 이른바 서울에 있는 대학에도 들어
가기 어렵다느니, 외고나 과학고 같은 데를 가지 않으면 안 된다느

배우면 나와 세상을 이해하게 됩니다

니, 초등학교 3학년이 되면 학원 다니느라 파김치가 된다느니 하는 말이 떠돌아다니니까 말이다. 정말, 청소년을 둘러싼 낱말은 여전히 공부밖에 없는 듯하다. 어른으로서 지켜보기에도 답답한 마당이니, 당사자들은 얼마나 힘들까.

정신과 전문의 하지현 교수와 사회학자 엄기호 박사의 대담집 《공부 중독》은 잘못된 공부에 중독된 우리사회의 병폐를 잘 드러냈는데, 앞에서 말한 내용과 상당히 유사하다. 하교수는 이 책에서 다음세대에게 공부를 강요하는 풍토가 자리 잡은 것은 "오로지 공부만이 한국 사회에서 생존 확률을 확실하게 높여주는 보증수표라는 믿음이 머릿속에 깊이 뿌리 박혀 있기 때문"이라고 진단한다. 1945년부터 1990년대 중반까지 우리사회에는 분명한 성공 문법이 있었다. 청소년 시절 공부를 열심히 해 학벌 좋은 대학에 들어가면 취직이 잘 되거나, 이런저런 고시로 안정적인 지위를 얻었다. 거듭 강조하거니와, "존경과 안정과 윤택함"을 누리려는 사회 분위기에 편승해 역시 공부를 강요하게 되었다. 그야말로 우리나라가 공부 중독에 빠진 이유다.

그런데 가만히 따져보면 이런 분위기에 심각한 문제가 숨어 있다는 점을 깨닫게 된다. 짐작하듯 공부에는 다양한 갈래가 있다. 일례로 인생공부니 세상공부니 하는 말은 현장에서 다채로운 경험을 통해 스스로 배워가는 그 무엇을 뜻한다. 그러나 부모가 말하는 공부는 결국 입시공부를 가리킨다. 특정대학에 들어가려면 스스로 해보고 싶은 다양한 영역에 도전하고픈 열망을 버리고 오로지 교과서와 참고서 중심의 공부를 하라는 뜻이다. 이러니 답답할 수밖에. 거기에 중요한 문제가 하나 더 있다. 대학입시에 매달린 공부는 진정한 공부의 의미를 훼손하고 만다는 사실이다.

《공부 중독》에서 엄기호 박사가 힘주어 말하는 바가 그 점이다. "삶이 성장의 과정이라면 공부는 성장하는 삶을 위한 도구"이며, "당대의 문제를 파악하고 헤쳐 나가는 사람의 지혜, 기술을 익히는 과정"이 공부의 본디 목적이다. 하나, 입시공부는 이런 공부의 가치를 사실상 부정한다. 하지현 교수는 같은 책에서 공부를 잘한다는 말의 뜻을 세 가지로 정리한다. 핵심과 맥락을 잘 잡아내는 것, 짧은 시간에 효율적으로 많은 정보를 자기 것으로 만드는 것, 이치를 깨닫는 것이다. 당연히 가장 중요한 것은 세 번째 것이지만, 현실에서 공부라고 하면 두 번째 것을 가리킨다. 우리가 말하는 공부가 얼마나 협소한 의미에 국한되어 있는지 알 수 있다. 그는 공부의 발전과정을 네 단계로 정리한다. 백데이터를 모으는 과정, 이를 바탕으로 정보체를 만드는 과정, 정보를 체계적으로 묶어 지식을 생성하는 과정, 그리고 끝으로 지혜를 얻는 과정이다. 그런데 현재 우리 사회에서 공부라 하면 "데이터와 인포메이션을 무한반복해서 우겨 넣기만" 하는 것이라 여긴다고 일침을 놓는다.

새로운 시대에 필요한
혁신적 공부법

경제학자 우석훈은 대안을 제시하는 형태로 우리를 지배한 공부 이데올로기에 근본적인 의문을 제기한다. 그는 《88만원 세대》에서 과거의 경제시스템을 포디즘이라 하면서 "노동자들에게 안정된 직장과 높은 월급을 제공하고, 노동자들이 그 월급으로 소비시장에 나가서 마음껏 소비하는 덕분에 공장은 최고의 효율로 돌아가는 이 시스템"을 대량생산, 대량소비의 시스템이라고 한마디로 정리했다. 그런데 21세기 들어 경제 질서는 거대한 전환을 이룬다. 이른바 도요타주의로 "소품종 대량생산에서 다품종 소량생산으로 전환"했다. 이 시대가 요구하는 것은 기술 수준이 높고 인간의 감성을 자극하는 명

품생산이다. 일본과 독일이 세계 경제가 위기에 놓여도 크게 흔들리지 않고 성장한 데는 바로 이런 제품을 생산해낼 장인이 수두룩했기 때문이다. 우리는 여전히 과거의 성장 방식에 매달리다 늪에 빠졌다. 당연히, 새로운 시대에는 혁신적인 공부법이 필요하다. 무엇일까? 우석훈은 말한다.

> 포드주의 체제에서는 표준화된 공부가 사회적 자본의 역할을 할 수 있었다. 탈포드주의 시대에 이런 역할을 하는 것은 사회가 시켜주는 표준화된 공부가 아니라 개별적으로 찾아가는 독서인 셈이다.
>
> 우석훈 · 박권일, 《88만원 세대》, 레디앙

여기서 말한 독서는 창의성과 상상력, 그리고 비판적 사고력을 키워주는 공부법이라 바꾸어 말해도 된다. 그동안 해온 공부는 한낱 표준화된 공부였다. 그런데 세계를 움직이는 힘은 바뀌었다. 그런데도 우리는 새로운 공부법을 제도화하지 못했다. 화살은 이미 쏘아졌다. 빠른 속도로 날아가는데 우리는 준비하지 못하고 있다.

화제작 《88만원 세대》가 나온 것은 2007년이다. 그 사이에 세상은 또 한차례 엄청난 변화의 회오리를 맞았다. 어느덧 지겹게 들리는 4차 산업혁명이 바로 그것이다. 19대 대통령 선거를 앞두고 나온

배우면 나와 세상을 이해하게 됩니다

다음의 기사가 말 많은 4차 산업혁명의 앞날에 드리운 불길한 기운을 예감하고 있다.

4차 산업혁명이 우리경제의 활로를 열어줄 신성장동력으로 부각되면서 오는 9일 치러지는 19대 대선의 핵심 이슈 가운데 하나가 되고 있다. 하지만 4차 산업혁명이 가져올 미래엔 명암이 존재한다. 특히 노동시장에 미치는 영향은 파괴적일 것으로 전망되고 있다. '고용없는 성장'을 넘어 '고용축소형 성장'이 갈수록 심화하는 가운데, 4차 산업혁명의 물결로 대대적인 일자리 '소멸'이 불가피할 것으로 보이기 때문이다. 근로형태가 바뀌면서 전통적인 '노동자'의 소멸 가능성도 제기되고 있다.

무엇보다 가장 큰 변화는 '똑똑한 기계'의 일자리 대체다. 단순·반복적인 노동을 하는 일자리는 이미 자동화로 기계가 대거 대체했지만 그 속도가 더욱 빨라질 것으로 보이며, 앞으로는 고도의 지적 능력이 필요한 전문직까지 기계가 대체할 가능성이 크다.

지금까지의 경제·사회 혁명들은 생산성의 급격한 향상과 새로운 일자리의 창출을 가져왔으나, 4차 산업혁명의 경우 이로 인해 사라지는 일자리가 새로 창출되는 일자리보다 많을 것이란 진단이다. 세계경제포럼(WEF)의 예측은 충격적이다. WEF는 2020년까지 세계 15개 경제권에서 710만개의 일자리가 사라지고 200만개가 창출되면서 510만개의 일자리가 감소할 것으로 예상했다. 특히 AI와 로봇 등이 저숙련 수작업은 물론 중숙련 지식노동까지 기계의 대체가 예상된다. 기획재정부 중장기전략위가 지난 3월 2차 회의에서 발표한 보고서를 보면 독일의 유럽경제연구센터(ZEW)와 미국의 컨설팅사 딜로이트 등은 기존 일자리의 절반 가까이가 자동화 가능한 것으로 분석했다. 미국은 47%, 독일은 42%, 스위스는 48%의 일자리가 4차 산업혁명으로 자동화될 수 있다는 분석이었다. 한국의 경우 이들 선진국에 비해 중·저숙련 일자리가 훨씬 많아 더욱 강력한 '일자리 쇼크'에 직면할 가능성이 많다.

이해준,《헤럴드경제》2017년 5월 5일자 기사

한마디로 노동의 미래가 불안하다는 진단이다. 물론, 장밋빛 전망도 만만찮게 나오지만, 대세는 '고용축소형 성장'을 점치고 있다. 위기다. 기존의 공부방법과 목적은 이미 설 땅을 잃었다. 지금의 청소년은 로봇과 인공지능의 시대에도 당당하게 일하는 시민으로 살아갈 가능성보다 지속해서 일자리를 위협받는 삶을 살 가능성이 커지고 있는데도, 과거의 방식대로 공부하고 있다. 이 같은 공부방식은 성인이 되었을 때도 악영향을 끼쳐, 공부는 어릴 적에 하는 것이고 성인이 되어서는 하는 것이 아닌 양 여기게 한다. 박성연 크리베

이트 대표가 쓴 다음 칼럼을 읽어보면 상황이 얼마나 심각한지 알
수 있다.

경제협력개발기구(OECD)의 성인역량조사(PIAAC) 결과 한국
성인의 학습 의지는 OECD 회원국 중 최하위권이다.

성인 학습 참여 의지가 가장 높은 나라는 핀란드다. 독립영화를
제작해온 마이클 무어 감독은 '다음 침공은 어디?Where to invade
next'라는 다큐멘터리에서 핀란드 교육을 파헤친다. 이 다큐멘터
리에서 핀란드 학생들은 세계에서 가장 적은 시간, 가장 적은 일
수를 학교에서 보내고, 숙제는 아예 없거나 길면 10분 정도이고,
객관식 시험이 없어도 기본적으로 3개 언어를 한다. 이 나라의
한 선생님이 말한다. "학교는 행복을 찾는 곳이고, 자신을 행복하
게 하는 방법을 발견하는 곳"이라고. 이 학생들이 사회에 진출하
면 노동생산성을 세계 최고 수준으로 끌어올리는 주인공이 된다.
핀란드의 성공 비결을 성인 교육열에서 찾는 전문가가 많다. 25
~64세 성인 교육에 참여하고 있는 비율은 핀란드를 비롯해 덴
마크, 스웨덴, 노르웨이 같은 북유럽 국가들이 가장 높다. 이 북
유럽 국가들이 모여 만든 북유럽협의체에서는 최근 성인 교육을
아예 의무 교육으로 만드는 법을 추진하고 있다고 한다. 아이들
이 받았던 의무 교육을 성인에게도 적용하겠다는 것이다.

반면 연간 노동시간이 세계 2위이면서 노동생산성이 하위에 머물고 있는 한국은 공부할 의지를 북돋워주거나 여건이나 제도를 마련하는 데 인색하다.

성인 교육은 100세 시대를 살아가는 데 반드시 필요하다. 변화하는 사회에 적응하는 것도 중요하지만 나이를 먹으면서 지식과 지혜를 확장하고 실제 생활에 적용하면서 얻는 기쁨은 삶을 더욱 풍요롭게 만든다. 성인 교육은 사회가 유기적이고 역동적으로 유지되는 데 중요한 힘이다. 또 개인의 행복을 지속하는 데도 성인 교육은 빠질 수 없는 코스다.

'성인 학습 의지 꼴찌, 우리 미래가 어둡다', 《동아일보》 2016년 7월 22일자

오호, 이 일을 어쩐단 말인가. 다품종 소량생산의 시대에서 4차 산업혁명의 시대에 이르는 대격변기에 우리는 공부의 철학도, 공부의 방법도 바꾸지 못했다. 여전히 입시중심의 교육에 매몰되어 있고, 평생교육의 시대에 성인은 공부할 의욕이 없다. 이러고도 개인이나 국가가 존속하고 발전할 수 있을까? 우리는 지금 시대정신에 걸맞지 않는 공부에 중독되어 공부지옥에서 헤매는 꼴이다. 탈출구는 없는 것일까?

배우면 나와 세상을 이해하게 됩니다

2장.

옛 사람이 실천한
참된 공부의 길

먹고사는 것을
넘어 인문적 사유로

　자생적인 근대화에 실패한 우리는 오늘 처한 위기 상황의 근원
이 전통에 있지 않을까 의심하는 성향이 있다. 과거와 전통이 자랑
스럽고 빛나기보다 부담이 되고 짐이 된다고 여겨서이다. 공부를 자
신의 잠재적 가능성을 발굴해 자아를 실현하는 수단으로 여기고, 그
러니 남에게 의존하는 것이 아니라 평생 스스로 해나가는 것이라는
관념이 없는 것도 전근대적인 공부관념에서 비롯한 것이 아닐까 의
심한다는 말이다. 일리 있다. 고시를 통해 고급 관료로 성장할 발판
을 마련해야 한다는 집단의식은 과거에 합격해 입신양명하고 가문
을 빛내야 한다는 봉건적 가치관과 상당히 닮아있다. 오죽하면 공자

　　　　　　　　　　　배우면 나와 세상을 이해하게 됩니다

가 죽어야 나라가 산다는 말이 있겠는가. 과거와 전통을 규탄해야, 그리고 그것과 과감히 단절해야 비로소 희미한 가능성이 보인다고 여기는 게 현실이다. 과연 그러할까? 옛사람이 생각하고 동의하고 실천한 공부개념 때문에 오늘 우리가 공부 중독에 빠져 엄청난 위기 상황에 놓인 것일까? 서둘러 동의하지 말고, 찬찬히 톺아보고 결론을 내야 마땅하다. 그럼, 한번 알아보자. 동양 사람들은 공부에 대해 어떤 생각을 했는가 말이다.

동양철학은 흔히 두괄식이라 한다. 말하고자 하는 핵심사항을 책 앞에 기록했다는 말이다. 제20장에 실린 내용보다 제1장에 실린 내용이 훨씬 중요하고, 제1장 가운데서도 마지막 단락보다 첫 단락이 중요하다는 뜻이다. 전문적으로 연구하지 않았더라도 동양고전에 대해 우리가 알고 있는 상식적인 내용은 죄다 첫 구절이다. 그만큼 앞에 있는 내용이 중요하다는 증거다.

《논어》(이하 번역문은 대체로 류종목의 것을 따랐다.) 역시 앞부분이 중요하다. 그러면 그 첫 구절은 무엇일까? 두루 알고 있다시피 '학이시습지불역열호學而時習之不亦說乎'다. 귀가 따갑게 들어온 말일 터. 우리말로 옮기면 '배우고 때에 맞추어 익히면 얼마나 기쁘겠는가'가 된다. 번역한 문장에서는 보이지 않지만, 원문을 보면, 학습學習이라는 낱말이 눈에 띈다. 이 사실을 눈치채게 되면 무릎을 치지 않을 수 없다. 《논어》의 핵심은 놀랍게도 학습이다. 이를 바꿔 공부라 해도 될 터. 공부에 관심 있는 사람이라면 다른 무엇보다 《논어》부터 보아야 하는 이유가 여기에 있다.

세상에서 가장 짧은 자서전이 《논어》에 있다. 공자 스스로 회고한 15세의 지학志學, 서른의 이립而立, 마흔의 불혹不惑, 오십의 지천명知天命, 육십의 이순耳順, 칠십의 종심소욕불유구從心所慾不踰矩가 바로 그것이다. 공자의 생애는 학문에 뜻을 세움에서 비롯했다. 다시, 《논어》가 공부론工夫論이라는 말이 무슨 뜻인지 눈치챌 수 있을 거다. 그러면 공자는 과연 어떻게 공부했을까?

먼저 그의 태생과 성장과정을 살펴보자. 공자는 부유하고 학식 있는 집안 출신이 아니다. 그의 아버지는 숙량흘로 무관이었다. 전투에서 공을 세우자 안징재라는 여인을 아내로 얻었다. 그런데, 이 여인은 첫 부인이 아니다. 전해오는 말에 따르면 숙량흘은 이미 아들이 있었으나 다리를 절어 후사를 잇지 못한다고 여겼다. 그래서 무속인이 아니었을까 미루어 짐작하는 안징재를 재취로 거두어 공자를 낳았다. 그런데 역사서에 보면 두 사람의 결합을 야합野合했다고 표현했다. 이미 정상적인 관계가 아니라는 징후가 보이는데, 현대말로 고치면 현지처로 안징재를 취했다고 보면 된다. 부모가 정상적인 부부관계가 아니었다. 공자는 태생부터 상처를 안고 있던 셈이다.

숙량흘은 공자 세 살 때 죽는다. 문제는 공자가 아버지를 몰랐다

배우면 나와 세상을 이해하게 됩니다

는 사실이다. 이는 어머니 안징재가 돌아가신 후에 드러난다. 당시의 풍습은 남아계신 분이 돌아가시면 먼저 돌아가신 분과 합장했다. 어머니가 돌아가시자 공자는 아버지 무덤에 어머니를 합장해야 했다. 그런데 공자는 아버지 무덤이 어디에 있는지 몰랐다. 이는 열다섯 살이 될 때까지 아버지가 누군지 몰랐다는 말이다.

《논어》를 꼼꼼히 읽어보면 공자야말로 주경야독한 인물임을 알 수 있다. 아버지를 일찍 여의고 어머니마저 돌아가신 상태에서 청소년기를 보냈던 공자인지라 시쳇말로 아르바이트를 하며 공부했다. 공자는 아버지에게서 볼 수 있듯 사士계급 출신이었다. 당시는 제후, 경, 대부, 사, 평민으로 나누어졌다. 사계급은 지배계급의 최말단이었다. 그러다보니 사회가 요구하는 공부는 소육예小六藝였다. 요즘으로 치면 9급 공무원 시험에 응시할 자격만 주어졌다 보면 된다. 소육예는 예, 악, 활쏘기, 수레몰기, 셈하기, 글쓰기로 구성되었다. 공자는 주어진 조건에서 최선을 다했다. 예에 대해서는 노나라에서 가장 잘 아는 사람으로 정평이 나 있었다. 그는 귀 명창이었다. 아름다운 음악을 가려낼 줄 알았고, 훌륭한 음악을 들으면 밥을 먹지 않고 감상했다. 아버지가 군인이었으니 그 기질을 어느 정도 물려 받았다치면 활쏘기도 잘했을 터. 오늘날로 치면 모범택시 기사와 공인회계사로도 활동했다. 글쓰기야 말해 무엇하랴.

그런데 공자는 여기서 그치지 않았다. 사회는 그에게 소육예만 공부하라 강요했다. 기실 그것만 열심히 하기도 힘들다. 그러나 공자는 자신의 직업 안정성을 확보하기 위해서만 공부하지 않았다. 나와 세계와 우주의 운행과 변화 원리를 알고 싶었다. 그는 어려운 환경에서도 지적 호기심을 꺾지 않고 대육예大六藝를 공부했다. 시경, 서경, 춘추, 주역, 예기, 악기가 바로 그것. 시경은 민요 모음이니 문학이라 할 만하다. 서경과 춘추는 역사서다. 주역은 변화의 원리를 살펴본 철학책. 예기와 악기는 전하지 않으나, 예술서라 여겨도 무방할 성싶다. 공자는 문학, 역사, 철학책을 즐겨 읽었다. 한마디로 인문학 공부를 했던 셈이다.

공자의 공부에서 많은 것을 느낄 수 있다. 공자에게 현실적으로 가장 중요한 것은 항산恒産이었다. 고아에 가난한 사계급인 그에게 안정적인 수입은 대단히 중요했다. 세상에 나아갈 적에 경제적 독립이 없다면 자율적인 인간으로 성장할 수 없다. 그래서 그는 현실이 요구하는 공부를 게을리하지 않았다. 얼마나 열심히 했는지 노나라에서 가장 소육예를 잘 공부한 사람이 되었다. 그런데 공자는 여기에 만족하지 않았다. 먹고사는 문제를 해결하는 데만 공을 들인 것이 아니라, 인문학적인 사유를 익히기에도 게을리 하지 않았다. 그가 얼마나 노력했는지 일찌감치 제후가 칭찬하는 인문학자로 성장했다는 사실을 넌지시 일러주는 일화가 있다.

공자가 승진했을 무렵 아들을 낳았다고 전해진다. 그때 노나라

배우면 나와 세상을 이해하게 됩니다

군주 소공昭公이 공자에게 잉어鯉魚를 하사했다. 노나라가 인근 국가에 비하면 작은 규모이기는 하지만, 군주가 하급관리가 아들 낳은 사실을 인지하기는 쉽지 않다. 워낙 저명한 인문학자로 성장했기 때문에 군주의 관심을 받았고, 그가 아들을 낳자 산모에게 먹이라고 잉어를 주었다고 보아야 마땅하다. 공자는 군왕이 하사품을 내린 것을 영광스럽게 여겨 아들 이름을 리鯉, 자字를 백어伯魚로 지었다. 이렇듯 비록 낮은 계급이었지만 공자는 군주의 관심을 받을 정도로 크게 성장해 있었다.

공자의
공부철학

공자는 교사이기도 했다. 배우던 사람에서 가르치는 사람으로 성장했다. 소크라테스와 비슷한 시기를 살았는데, 학교를 열어 제자를 키웠다는 점도 공통점이다. 공자는 학교를 어떻게 운영했을까? 그 방법에 분명히 공자의 공부철학이 녹아들어가 있을 터다.

공자학당의 제일 중요한 특징은 공부하는 이의 지적 호기심과 자발성을 따졌다는 점이다. 말하자면 입학시험은 없었고, 면접만 있었다고 미루어 짐작할 수 있다. 특히 가난한 학생에게도 공부할 기회를 주었는데, 자발적 의지를 과시할 만한 작은 정성만 보이면 되었다. 《논어》에 나오길 "속수(말린 고기 한 묶음)의 예를 행한 사람 이

배우면 나와 세상을 이해하게 됩니다

상이면 내가 가르치지 않은 적이 아직 없다"라 했으니 신분이나 경제력을 근거로 입학에 차별한 적이 없다는 사실을 알 수 있다. 이 점은 맹자도 강조했다.

> 가르치는 데는 여러 가지 방법이 있다. 내가 탐탁지 않아서 가르치기를 거절하는 것 또한 가르침의 하나이다.
>
> 《맹자》 12-16

이 대목을 해설하면서 박경환은 "어떤 사람이 가르침을 받을 자격이나 태도를 갖추고 있지 못할 경우, 비록 그가 원하더라도 거절할 수 있다. 이 경우 그로 하여금 배움에 임하는 자신의 태도를 반성하게 만들므로, 가르침을 거절하는 것도 바로 가르침이 된다"(박경환 역, 《맹자》, 홍익출판사)라 했다. 이를 공자와 연결해 해석해보면 맹자 역시 배우는 자의 의지와 자발성을 높이 쳤다볼 수 있다.

> 선생님께서 교과 과정을 개설해 떠나가는 사람을 붙잡지 않고 오는 사람을 막지 않으십니다. 진실로 배우려는 마음을 가지고 오면 그를 받아들일 뿐입니다.
>
> 《맹자》 14-30

이 구절에는 제자들이 신발을 훔치려 했다는 오해를 받는 일화가 소개되었는데, 그것을 통해 맹자도 신분이나 지위와 상관없이 제자를 받아들였다는 것을 알 수 있다. 도심盜心 있는 이들이 맹자 휘하에 모여들었다는 추측을 하고 있으니 말이다. 이 관점에서 보자면 군자 삼락 가운데 하나인 '득천하영재 이교육지 삼락야得天下英才 而敎育之 三樂也'에서 말한 영재의 의미를 달리 해석할 수 있다. 이미 다 알고 있거나, 배우면 금세 깨닫는다는 면에서 영재가 아니라, 나와 세계와 우주의 근본 원리에 대한 지적 호기심이 왕성한 이가 영재이고, 그를 제자로 거두어 가르치는 것이 군자의 즐거움 가운데 하나라고 말이다.

두 번째로는 수업방식이다. 《논어》는 공자가 직접 쓴 책이 아니다. 공자가 죽은 후 제자들이 모여 그의 말씀을 모아 펴냈다. 그러다 보니 공자가 한 말이 주내용이 되어 어떤 식으로 수업이 이루어졌는지 잘 알 수 없다. 하지만 꼼꼼히 읽어보면 공자학당의 수업방식이 잘 드러나 있고, 여기에 공자의 공부철학이 스며 있음을 알 수 있다.

맹의자가 효도에 관하여 여쭈어보자 공자께서 말씀하셨다. "어기지 않는 것이다." 번지가 공자를 모시고 수레를 몰 때 공자께서 그에게 말씀하셨다. "맹손이 나에게 효도가 무엇인지를 묻기에 내가 어기지 않는 것이라고 대답했다." 번지가 "무슨 말씀입니까?"라고 하자 공자께서 말씀하셨다. "살아 계실 때는 예로써 섬

배우면 나와 세상을 이해하게 됩니다

기며, 돌아가셨을 때는 예로써 장사하고 예로써 제사지내는 것
이다."

《논어》 2-5

《논어》는 각 단락의 첫 구절이 자왈子曰, 그러니까 공자 가라사대
로 시작할 적이 잦다. 공자 말씀을 중심으로 편집하다보니 나타난 현
상이다. 그런데 이 구절을 보노라면 먼저 제자가 질문했고, 그에 대한
답변을 자왈 이후에 기록해놓았다는 점을 알 수 있다. 그러니까 제자
인 아무개가 어떤 주제에 관하여 여쭈어보자 공자께서 말씀하셨다,
라는 구문을 한마디로 자왈이라 줄여 말했다 여기면 된다.

그렇다면 공자는 왜 제자가 질문해야 비로소 답변하는 식으로
수업을 진행했을까? 《논어》 자체에는 그 이유가 정확히 나와 있지
는 않지만, 얼마든지 추론해볼 수 있다. 먼저 이런 질문을 던질 필요
가 있다. 누가 질문을 하는가, 라고. 학교 현장에 있는 분은 잘 알고
있지만, 우리 교실에서 질문이 없어진 지는 오래 되었다. 심지어 입
시에 지친 고등학생은 친구가 수업시간에 질문하는 것을 극도로 싫
어하는 경우도 있다고 한다. 수업내용을 두고 질문하다보면 아무래
도 수업 말미에 하게 되고, 교사가 답변하다 쉬는 시간까지 수업이
연장되기도 해서 그렇단다. 다 그렇다는 이야기는 아니지만, 뒷맛이
쓸쓸해지는 것은 어쩔 수 없다.

토론과 논쟁이
살아 있는 교실

아이의 성장과정을 보노라면 누가 질문하는지 알게 된다. 대체로 대여섯 살 무렵, 아이는 궁금한 게 어찌 그리 많은지 엄마 치맛자락을 물고 늘어지면서까지 시시콜콜 묻는다. 흔히 질문은 알아야 한다고 생각한다. 그런데 그것이 아니라는 것을 아이는 보여준다. 아이가 무얼 안다고 질문을 해댈 수 있겠는가? 알아서 묻는 게 아니라, 궁금해서 묻는 것이다. 세상만사가 다 흥미롭고 재미있는데 그 원리가 무엇인지 알 수 없으니, 호기심에 가득 찬 눈으로 이것저것 묻는다. 여기서 깨닫게 된다. 공자가 왜 입학시험을 치러 우수한 학생을 뽑으려 하지 않고 지적 호기심이 왕성한, 그리하여 앎에 대한 자발

배우면 나와 세상을 이해하게 됩니다

성이 있는 학생을 제자로 거두어들였는지 말이다.

공자도 배운 대로 가르쳤다. 자신이 대육예를 공부해 일찌감치 노나라의 인문학자로서 명성을 날렸다. 그렇다면 당연히 제자도 대육예 중심으로 가르쳤을 테다. 커리큘럼이 짜여 있다면, 제자가 공부하는 방법은 너무 쉽다. 그 책을 먼저 읽고 스스로 공부하면서 깨달으면 된다. 호기심이 왕성한 학생이었으니, 스스로 공부할 적의 마음이 남달랐을 터다. 이미 나와 세계와 우주의 근본원리를 알고자 하는 자발적 의지가 강한 이였지 않았는가. 그러니 그 무엇인가를 깨우치고자 하는 간절한 마음으로 공부했을 테다. 그러나 다 알면 어찌 학생이겠는가. 미처 깨닫지 못하는 바가 있을 테고, 이를 알고자 스승에게 질문했겠지. 그러면 스승인 공자는 제자의 지적·인격적 성숙도에 맞춰 답변을 해주었다.

맹의자는 맹손씨 집안 출신이다. 노나라를 실제로 지배한 삼대 세력 가운데 하나인 집안이다. 이미 공부가 많이 되어 있고, 말귀가 트였다. 이런 제자한테는 구구절절 설명하는 게 오히려 공부에 방해가 된다. 어느 면에서는 선문답처럼 단박에 깨닫게 하는 게 더 낫다. 그래서 맹의자에게 효란 어기지 않는 것이라 답해주었다. 그러나 번지는 다르다. 《논어》를 볼라치면 번지가 여러 곳에서 공자 속 썩이는 내용이 나온다. 아무래도 학습능력이 떨어지는 제자였던 모양이다. 공자를 모시고 어딘가 가면서도 그 좋은 기회를 활용해 앎을 확장하려 하지 않는다. 오히려 공자가 넌지시 찔러 질문을 유도한다. 낮은 수준의 제자에게 공자가 가르치는 한 방식이다. 맹의자와 나눈 선문답을 전해주니 당연히 알아먹을 수 없는 번지가 비로소 질문한다. 그러자 공자는 세세히 설명해준다. 그야말로 맞춤학습의 한 풍경을 엿보는 순간이다. 공자의 학습법은 《맹자》에서 다시 확인된다.

군자가 사람을 가르치는 방식은 다섯 가지다. 때맞춰 내리는 단비와 같이 사람을 교화시키는 방식이 있고, 덕을 이루어주는 방식이 있고, 재능을 완전히 실현하도록 해주는 방식이 있고, 묻는 말에 대답해주는 방식이 있고, 직접 가르치지는 않지만 간접적으로 감화를 받게 하는 방식이 있다. 이 다섯 가지가 군자가 사람을 가르치는 방식이다.

《맹자》 13-40

다섯 가지 방식 가운데 제자가 물으니 스승이 답하는 방식이 있다. 지금은 사라졌지만 동북아시아의 지적 전통에 제자가 묻고 스승이 답변하는 방식이 얼마나 뿌리 깊게 자리 잡은지 알 수 있을 테다.

제자가 스승께 질문하다보면 한 차원 더 높은 곳으로 올라서게 마련이다. 제자가 물었다. 스승이 답했다, 그런데 제자가 스승과 생각이 다르다면 어찌 되겠는가. 스승의 권위에 주눅 들지 않고 당당

배우면 나와 세상을 이해하게 됩니다

하게 반대의견을 말했을 테고, 스승은 제자를 바로잡아주려고 논박했을 터다. 이 과정을 현대적으로 표현하면 질문이 토론과 논쟁을 낳았다고 말할 수 있다. 실제로 그러했다. 공자학당의 학습법을 따라한 맹자를 보면, 제자가 묻고 스승이 답하는 형식이 나오는데, 더 나아가 제자와 스승이 일대 논전을 벌이는 장면이 자주 연출된다.

순임금이 요임금과 아버지를 신하로 삼았다는 일에 관해 제자인 함구몽이 물었다.

《맹자》9-4

물을 만한 질문이지 않으냐, 하며 대충 넘어갈 문제가 아니다. 잘 알다시피 공자는 초월적 존재를 인정하지 않았다. 여기에서 공자의 깊은 고민이 비롯한다. 아무리 좋은 말이라 해도 뭇사람이 따르도록 하려면 전거가 있어야 하는 법이다. 초월자가 있다면, 문제는 쉽다. 그 분의 말씀이라거나 그 말씀을 따르면 여차여차한 복락을 누리리라 하면 된다. 그러나 조상신 정도만 인정한 공자 처지에서는 자신의 말대로 세상을 운영하면 평화의 시대가 도래하리라는 것을 수용하게 하는 데는 어려움이 많았다. 이때 공자가 적극적으로 활용한 것이 요순의 선양이다. 요가 아들이 아닌 순에게 왕위를 물려주었다. 과연 요가 순에게서 어떤 덕목을 발견했기에 왕위를 물려주었을까?

순은 의붓어미와 배다른 형제 상한테서 줄곧 핍박을 받았다. 지붕을 고치러 올라갔더니 사다리를 치우고 불을 지르지 않나, 우물 고치려 우물로 내려갔을 적에는 아예 묻어버리기까지 했다. 아버지 고수의 묵인 아래 이뤄진 실제적인 살해음모를 직접 겪었는데도 순은 효孝와 제悌하기를 멈추지 않았다. 요는 이 사실을 순에게 시집 보낸 두 딸에게 들어 확인했다. 그래서 왕위를 물려주었다. 어떤 상황에서도 부모를 섬기고 형제와 우의를 지키는 사람이 천하를 다스릴 자격이 있다는 뜻이다. 《서경》의 기록을 직접 보자.

요임금이 말씀하시기를, "자! 사악아. 짐이 재위한 지가 70년인데, 네가 나의 명령을 잘 따랐으니, 짐의 지위를 선양하겠다"고 하자, 사악이 말하기를, "저는 덕이 없어 제위를 욕되게 할 것입니다" 하고 사양했다. 이에 요임금이 말씀하셨다. "현명한 자를 밝혀내고 소외되거나 미천한 자라도 천거하라." 그러자 모두 말했다. "노총각이 민간에 있사온데, 우순이라 합니다." 임금께서 말씀하셨다. "옳지, 나도 들었다. 어떠한 사람인가?"
사악이 말했다. "소경의 아들로서 아버지는 완강하고 어머니는 어리석으며 동생 상은 오만한데도, 효도를 다해 잘 화합하여 차츰 어질어졌으므로 간악한 지경에 이르지 않았습니다." 그러자 요임금이 말씀하시기를, "내가 좀 시험해보겠다. 그에게 딸을 주

배우면 나와 세상을 이해하게 됩니다

어 두 딸에게 모범이 되는지 관찰하겠다" 하시고, 두 딸을 치장하여 규수의 물굽이에 내려 보내 우순의 아내가 되게 하시고는, "잘 해보아라" 하고 당부하셨다.

옛임금 순을 상고하건대 중화이시니, 요임금과 덕이 합치되시며 깊고 명철하고 문채 나고 분명하시며 온화하고 공손하고 성실하고 독실하시어 그윽한 덕이 위로 알려지니, 요임금이 마침내 자리를 이어라 명하셨다.

이기동, 《서경강설》, 성균관대학교출판부

실제로 공자 사유에서 효제는 무척 중요하다. 공자가 효제를 강조한 데는 봉건제도 아래 정치적 안정을 꾀하기 위한 방략이라는 점도 있었다. 주나라의 봉건은 천자가 아비이면 제후를 아들이, 천자가 형이면 제후는 아우가 맡았다. 이 제도가 흔들리지 않으려면 아들인 제후가 천자인 아버지한테 효해야 하고, 아우인 제후가 천자인 형에게 제해야 했다. 제자 유자가 한 다음과 같은 말은 공자 사유의 고갱이를 정확히 짚은 면이 있다.

그 사람됨이 부모님께 효성스럽고 형에게 공손하면서 윗사람의 마음을 거스르기를 좋아하는 사람은 드물다. 윗사람의 마음을 거스르기를 좋아하지 않으면서 난동을 일으키기를 좋아하는 사람은 아직 없었다.

《논어》1-2

전쟁을 끝장내고 평화체제를 이루는 데 필요한 덕목이 효였고, 이 효를 실천한 순이 임금을 맡자 천하가 태평해졌다는 이야기는 공자가 효제의 가치를 설파하는 데 매우 중요한 근거였다. 더욱이 이 내용은 서경에 기록되어 있는지라, 호소력이 더 컸다. 말하자면 공자는 신학적 권위 대신 역사적 권위에 기대 효제의 타당성을 입증했던 셈이다. 맹자는 그런 공자의 사유를 물려받았고, 이를 다음 세대에게 전해주려고 애썼다. 그런 맹자 면전에서 제자가 감히 다른 설을 들어 이의를 제기한 것이다. 효의 상징인 순이 아버지를 신하로 삼았고, 왕위를 물려받은 순이 요 역시 신하로 삼았다니, 이런 시정잡배가 떠드는 이야기를 어찌 신성한 학문의 전당에서 입에 올릴 수 있단 말인가. 더욱이 이 관점을 들어 질문했다는 것은, 공맹철학의 주춧돌 하나를 뽑아버리겠다고 덤벼드는 격이니, 사달이 날 일이었다. 그러나 맹자는 제자를 인신공격하지 않았다. 그 자신이 이미 "서경의 내용을 전적으로 믿는다면 오히려 책이 없는 것이 낫다"고 하지 않았던가. 어떤 지적 성과라 하더라도 의문시하고, 어떤 기록이 있다 하더라도 비판적인 질문을 제기하는 것을 맹자는 막지 않았다. 토론하고 논쟁하고 설득하여 제자가 받아들이도록 애썼을 따름이다.

배우면 나와 세상을 이해하게 됩니다

학과 문이
지적 성장을 이룬다

공자학당의 공부법을 현대 차원에서 되살피면 학문의 정신을 실
현했다고 평가할 수 있겠다. 학문은 사전식으로 풀이하면 '어떤 분
야를 체계적으로 배워서 익힘. 또는 그런 지식'이라 한다. 그런데 한
자로 보면 뜻이 명확해진다. 학문은 한자로 學問이라 쓴다. 배울 학,
물을 문이다. 공자학당은 학생 스스로 배우고, 이를 바탕으로 스승
께 여쭈어 지적 성장을 꾀했다. 전문적인 능력을 학과 문으로 이루
어냈다는 뜻이다. 어떻게 가능했을까?

그러므로 학문學問에서 '학'과 '문'을 구별해 보면, 단순히 지식을

배우는 것이 '학'이고, 그 지식을 주체적으로 소화하여 진정한 나의 것으로 만들기 위해 비판적인 관점에서 의문을 가지고 반문(질문)하는 것이 '문'이라고 할 수 있다. 지식이란 과거에 어떤 제한된 시간과 제한된 장소에서 특정 경험과 견해를 가진 어떤 사람에 의해 도달한 결론과 같은 것이다. 그런 지식을 배우는 것이 '학'이다. 그런데 그 지식을 배우는 사람은 다른 시간 다른 장소 다른 경험적 배경을 가진 사람이다. 따라서 그 지식을 배울 때는 항상 자신의 입장에서 되짚어보는 자세(즉 '問')가 절대적으로 필요하다. 왜냐하면 어떤 지식이든 그 자체로 완벽한 것은 없고 항상 일정한 한계(울타리)를 지니고 있는 만큼 그 한계를 알아야 더 나은 단계로 발전시킬 수 있기 때문이다.

박성규, 공자《논어》, 서울대학교 철학사상연구소

지적 성장은 학과 문이 결합할 적에 이루어진다. 지금까지 축적된 지적 성과물을 배우되, 이를 신줏단지 모시듯 해서는 발전이 없다. 어떤 방법으로 그 지식에 이르렀는지 면밀히 살펴 익히고, 그것을 비판적 관점에서 볼 적에 무엇이 문제인지 집요하게 파헤쳐야 한다. 기실 인문학은 학문의 정신이 실현되는 장이었고, 이를 바탕으로 세계를 이해하고 운영하는 앎을 얻었다. 예를 들어보자.

마르크스는 일련의 저서를 통해 세계를 상부구조와 하부구조로

배우면 나와 세상을 이해하게 됩니다

나누었다. 익히 알 듯 상부구조는 정신, 문화, 법 등속을 일컫는다. 하부구조는 생산양식을 일컬었다. 마르크스 사상의 핵심은 하부구조가 상부구조를 지배한다는 것이다. 오랫동안 인류가 정치혁명을 일으켰지만 진정한 인간해방에 이르지 못한 이유는 경제양식을 바꾸지 않았기 때문이다. 오히려 하부구조를 전복하면 상부구조는 이에 맞춰 바뀌게 된다고 분석했다. 이 사상은 기실 유럽 천재들의 영혼을 사로잡았고 20세기를 혁명의 시대로 이끌었다 해도 지나친 말이 아니다. 그런데 이 마르크스의 방법론에 이의를 제기한 사람이 있다. 바로 막스 베버.

그는 《프로테스탄트 윤리와 자본주의 정신》에서 그야말로 학문정신의 고갱이를 보여준다. 학은 마르크스의 방법론을 수용한 것이다. 베버 역시 세계를 상부구조와 하부구조로 나누는 데 동의했다. 그렇지만 베버는 왜 프로테스탄트 자녀는 실업계 고등학교로 진학하는가? 라고 스스로 던진 질문에 답하는 과정에서 마르크스 사상을 전복한다. 마르크스처럼 하부구조가 상부구조를 지배하는 것이 아니라 상부구조가 하부구조에 영향을 미친다고 보았다. 책 제목대로 상부구조로서 프로테스탄트 윤리가 먼저 자리 잡았고, 이 집단이 자본주의 체제를 형성했다는 말이다. 상식에 비추어보아도 수긍이 간다. 미국 역사를 보라. 인디언이 사는 곳으로 이주한 사람은 영국의 프로테스탄트였다. 여전히 원시공동체 성격을 띠고 있던 이곳을 자본주의체제로 만든 이는 바로 프로테스탄트였다.

그러면 마르크스의 이론은 폐기되어야 마땅한가? 그렇지는 않다. 베버는 자본주의 발전사가 늦었던 독일과 미국을 분석한 결과 그 결론에 이르렀다. 이에 비해 마르크스는 최초로 자본주의 체제를 형성했던 영국을 배경으로 해서 그러한 결론에 다다랐다. 베버는 마르크스를 끌어안고 넘어서서 그의 이론이 절대적인 것이 아니라 상대적인 것임을 밝혀냈다. 역시, 학과 문의 정신으로 이루어낸 인문정신의 발현이다. 사회학자 노명우도 같은 뜻을 밝힌 바 있다.

마르크스는 물질이 정신을 지배한다고 보았다. 심지어 후일 경박한 마르크스주의자들은 정신이 한낱 물질로 변환될 수 있다고 보기도 했다. 그래서 물질을 이해하면 정신을 이해할 수 있다고 생각했다.

마르크스의 이러한 견해는 사회를 이해하는 데도 반복된다. 그는 사회도 마찬가지로 물질적 기초인 경제가 문화, 사상, 법 등을 결정한다고 보았다. 문화, 사상, 법 등은 물질적 기초의 반영일 뿐이라고 보았던 것이다. 그래서 사회를 이해하기 위해 문화를 중시하기보다는 경제를 분석하는 데 힘을 쏟았다. 이를 유물론적 해석 또는 경제결정론적 해석이라고 한다.

반면 베버는 마르크스의 견해가 어느 정도 진실을 반영한 것이

배우면 나와 세상을 이해하게 됩니다

지만, 충분하지는 않다고 보았다. 베버는 물질이 정신을 지배하는 면이 있기는 하지만, 정신이 그대로 물질로 환원될 수 있다고 보지는 않았다. 정신은 독자성과 자율성을 지닌다고 보았다. 그래서 정신은 독자적으로 이해할 필요가 있다고 생각했다.

따라서 베버는 사회를 이해할 때 유물론적 해석도 필요하지만, 관념론적 해석도 필요하다고 보았다. 경제만이 아니라 문화를 통해서도 사회를 이해할 필요가 있다고 생각했다. 그리고 《프로테스탄트 윤리와 자본주의 정신》은 문화를 통해 사회를 분석한 결과물이다.

노명우,《프로테스탄트 윤리와 자본주의 정신,

노동의 이유를 묻다》, 사계절

그렇다면 지극히 현대적이며 선진적인 공자학당의 학습법은 어떤 결과를 낳았을까? 말하자면 학과 문의 과정을 통해 비판적이며 창조적인 지식인으로 그의 제자를 성장하게 했을까를 살펴보자. 아무리 그 뜻이 높고 크더라도 제자의 변신을 일으키지 않았다면, 그것이야말로 탁상공론이지 않겠는가.

공자 제자의
놀라운 변신

흔히 공자 제자는 3천 명이라 말하기도 하지만, 이는 과장이라는 게 정설이다. 여러 자료를 보면 대략 70명 정도이지 않았을까 싶다. 그 가운데 공자의 수제자에 해당하는 세 명을 뽑아보자.

먼저 자로. 문제적인 제자였다. 노의 변 사람인데 공자보다 9년 아래였다. "성격이 거칠고 용맹하게 힘쓰는 것을 좋아하며 의지가 강했다. 수탉의 꼬리로 만든 모자를 쓰고, 수퇘지의 가죽으로 장식한 검을 차고 다녔다. 힘만 믿고 공자를 업신여기기도 했다"는 기록에서 보듯 사냥꾼 출신일 가능성이 크다. 정말 놀라운 일이다. 이런 이력밖에 없는 이가 공자 제자가 되다니. 공자가 신분과 실력에 상

배우면 나와 세상을 이해하게 됩니다

관없이 공부에 대한 열정이 넘치는 이를 제자로 받아들였다는 증거이기도 하다. 《논어》 곳곳에서 공자에게 거칠게 항의하는 이도 대체로 자로다. 예수로 치자면 베드로에 해당하는 제자로 보면 맞을 성싶다.

자로는 더디게 발전했다. 얼마나 늦되었느냐면 "좋은 말을 듣고 아직 실천하지 못했는데 또 좋은 말을 들을까봐 겁을 냈다"는 기록이 남아 있을 정도다. 그런데 이 구절을 곰곰이 보노라면 자로의 진정성을 느낄 수 있다. 스승한테 참된 말씀을 듣는데 그치지 않고 그것을 반드시 실천하고자 했다는 말이기도 하다. 배우면 때에 맞게 익혀야 하고, 알면 힘써 행해야 한다는 것을 잘 알고 있었다. 지식의 내면화 과정이 끝나고 나서 다른 앎을 배우고 익히려 했으나, 스승이 한 차원 높은 앎을 전수하려 하자 겁을 냈다는 것이다. 아직 소화되지 않았는데 다른 것을 또 먹으려 하면 탈이 나지 않던가. 더욱이 아는 것을 삶의 현장에서 실천하지 않았다면 배우고 아는 것이 무슨 소용 있다는 말인가. 이미 자로는 공자학당에서 공부하는 방법과 공부의 궁극적 목적을 깨우쳤다고 보아야 할 터다.

자로도 공자학당을 졸업하고는 출사하였다. 그는 위의 대부 공회의 읍재로 일했다. 기록을 보자.

괴외는 공회와 난을 일으키려고 모의하여 공괴의 집으로 들어가서는 마침내 그 무리와 함께 출공을 습격했다. 출공은 노로 달아났고, 괴외가 들어와 자리에 오르니 이가 장공莊公이다.

공회가 난을 일으켰을 때 자로는 외부에 있었는데, 그 소식을 듣고는 달려오다가 위의 성문을 나서는 자고子羔와 마주쳤다. (자고가) 자로에게 "출공은 떠났고 문은 이미 닫혔으니 괜히 화를 당하지 말고 그대는 돌아가시오"라고 했다. 자로는 "그 집 밥을 먹는 사람은 그 집의 재난을 피하지 않는 것이오"라고 했다.

자고는 떠났고, 성으로 들어가는 사자가 있어 성문이 열리자 자로는 그를 따라 들어갔다. 괴외에게 가자 괴외는 공회와 대에 오르고 있었다. 자로가 "군께서 어찌 공회를 기용하려 하십니까? 잡아 죽이게 해주십시오"라고 했다. 괴외는 듣지 않았다. 그러자 자로는 대에 불을 지르려고 했다. 괴외가 겁이 나서 석걸石乞과 호염壺黶에게 자로를 공격하게 하니 자로를 쳐서 갓끈을 끊었다. 자로는 "군자는 죽어도 관은 벗지 않는다"며 갓끈을 매고는 죽었다.

공자가 위에 난리가 났다는 소식을 듣고는 "오호라, 유가 죽겠구나!"라고 했는데 얼마 뒤 정말 죽었다. 이에 공자는 "내가 유를 얻고부터 귀에 나쁜 말이 들리지 않았는데"라고 했다.

네이버 지식백과, 《사기 : 열전》〈자로〉

배우면 나와 세상을 이해하게 됩니다

아랫사람으로서 섬기던 이가 위기에 놓이면 이를 바로 잡고자 나서야 한다. 정의롭지 못한 권력 찬탈은 성토해야 마땅했다. 죽을 줄 뻔히 알면서도 도망가지 않고 성으로 들어간 이유다. 공자가 누구이던가. 제자의 인격적 학문적 성숙을 정확히 꿰뚫고 있지 않던가. 성마른 성격의 자로가 어떤 삶을 선택할지 뻔히 알았다. 그러니, 위에 난리가 났다 할 적에 자로가 죽겠구나 미리 짐작했던 터다. 비록 한계는 있었으나 한낱 사냥꾼이던 자로가 이토록 크게 성장하게 한 힘은 무엇이었겠는가. 노파심에 굳이 적어둔다면, 질문하고 토론하고 논쟁하는 공자학당의 학습법에 있었다.

두 번째는 자공. 위나라 사람인 자공은 원거리 무역으로 떼돈을 번 인물이다. 공자학당을 운영하는 데 경제적으로 큰 도움을 주었으리라 추측된다. 다른 무엇보다 돈의 가치를 잘 아는 이가 공자의 제자가 되었다는 것 자체가 흥미롭다. 특히 그는 훗날 외교관 역할을 잘 해내어 이름을 널리 알렸다. 두루 총명한 인물이었다고 보면 된다. 《논어》에는 공자와 자공의 대화가 자주 나오는데, 다음 구절을 볼라치면 자공의 역량을 짐작할 수 있다.

자공이 말했다. "가난하면서도 아첨하지 않고 부유하면서도 교만하지 않으면 어떻습니까?" 공자께서 말씀하셨다. "괜찮다. 그러나 아직 가난하면서도 즐거워하고 부유하면서도 예를 좋아하는 사람만은 못하다." 자공이 말했다. "《시경》에 '자른 것 같고 간 것 같고 쫀 것 같고 닦은 것 같다'라고 한 것은 아마 바로 이런 것을 두고 말하는 것이겠군요!" 공자께서 말씀하셨다. "사는 이제 함께 《시경》을 이야기할 수 있게 되었다. 그에게 지나간 일을 일러주었더니 앞으로 닥쳐올 일을 아는구나."

《논어》 1-15

그 유명한 절차탁마切磋琢磨, 그러니까 '옥이나 뿔 따위를 갈고 닦아서 빛을 낸다는 뜻으로, 학문이나 도덕, 기예 등을 열심히 배우고 익혀 수련함을 비유적으로 이르는 말'이 인용된 구절이다. 여기서 중요한 사실은 자공이 스승한테서 함께 《시경》을 이야기할 수 있겠노라는 칭찬을 들었다는 점이다. 이 말은 일종의 관용어구로 공자가 보기에 제자의 수준이 높아졌음을 공인할 때 흔쾌히 쓴다. 거기에다 자공에 대한 칭찬이 하나 더 붙는다. 지나간 것을 일러주니, 닥칠 일을 눈치챈다 하지 않는가. 최고의 칭찬이 아닐 수 없다. 공자의 제자들은 공자학당 특유의 학습법으로 이런 놀라운 성과를 보였다.

마지막으로 안연. 공자는 처음에는 안연을 각별하게 여겼을 터다. 그가 제자 안무요의 아들이었으니 말이다. 안연은 노나라 사람이었고 공자보다 30년 아래였다 하는데, 그에 대한 평가가 예상과 다르다.

배우면 나와 세상을 이해하게 됩니다

그는 이의를 제기하여 내 뜻을 어기지 않는 것이 마치 어리석은 사람 같았다. 그가 돌아간 뒤 그의 사사로운 언행을 살펴보니 역시 내 뜻을 발양하기에 충분했다. 회는 어리석지 않았다.

《논어》 2-9

나중에 공자의 수제자가 되는 안연에 대한 평가가 어리석다, 였다니 충격이 아닐 수 없다. 짐작할 수 있다. 안연은 성격이 내성적이었을 테다. 숫기도 없어 수업시간에 무척 조용히 있었을 게다. 그런데 이런 성격은 공자에게는 학업의지가 없는 것으로 비칠 수도 있다. 미리 공부하고 질문거리를 안고 수업시간에 참여해 스승과 치열하게 논쟁해야 하거늘, 그는 늘 눈을 크게 뜨고 귀를 쫑긋하게 세우기만 했겠지. 그러니, 공자가 무척 실망할 수밖에. 특히 제자의 아들이라 더 신경을 써 살펴보았건만, 안타까워라, 안연은 어리석구나, 하는 속내를 드러낼 도리밖에 없었을 터.

그런데 수업이 끝나고 동문끼리 공부하는 방을 우연히 지나다 보니, 어라, 전혀 다른 면을 보았다. 수업시간과는 달리 동료들과 배운 바를 놓고 토론하고 논쟁하는 장면을 엿보았던 것이다. 오호라, 성격 탓이었을지도 모르겠구나. 아니면 아비의 스승이라 부담스러워 했을 수도 있겠지. 그래서 공자가 실망한 마음을 접고, 질문하도록 슬

쩍 찔러주기도 하고, 더 적극적으로 수업시간에 자신의 의견을 드러
내도록 유도해주기도 했을 터다. 그러다보니 드디어 안연의 진면목
이 드러났겠지. 군계일학처럼 가장 돋보이기까지 했을 것이다. 그러
자 공자가 말을 바꾸어 안연을 재평가했을 게다. 어리석지 않다, 고.

어리석었던 안연이 더는 어리석지 않았을 적에 공자와 나눈 대
화를 엿보자.

안연이 여쭈었다.
"인이란 무엇입니까."
공자가 말씀하셨다.
"내가 실체라는 생각을 넘어 관계라는 각성克己復禮에 이르면 인
이 되지. 단 하루라도 내가 실체가 아니라 관계라는 진리를 깨닫
기만 한다면, 온 세상이 본래부터 사랑으로 충만한 것임을 환히
알게 되리라. 물론 이런 진리는 스스로 깨닫는 거지 결코 남이 해
줄 수는 없는 거야."
안연이 그 길을 물었다.
공자가 말씀하셨다.
"눈에 보이는 게 독립된 개체라는 생각을 버려. 둘째 세상이 관계
가 아닌 개체로 이루어졌다는 말을 믿지 마. 셋째 나를 알아달라
는 소리를 하지 마. 넷째 이기적인 행동은 하지 마."

배우면 나와 세상을 이해하게 됩니다

안연이 흐느끼며 말했다.

"제가 비록 명민한 녀석은 아닙니다만 죽는 날까지 선생님의 가르침을 받잡겠습니다."

《논어》 12-1

이미 말했지만 공자는 제자의 지적 성숙에 따라 답을 달리했다. 이 말은 공자가 깨달은 최고의 철학적 사유는 수제자에게 말해주었다는 것을 뜻한다. 공자사상의 고갱이는 두루 알 듯 인仁이다. 그 인을 설명하는 세 가지 키워드가 효제, 충서, 극기복례다. 이 가운데 공자철학의 최고봉은 당연히 극기복례. 도대체 이 말이 누구와 대화하다 나왔나 보면, 그 사람이 수제자라는 말인데, 정말 딱 그렇게《논어》에는 나왔다. 어리석은 안연은 공자의 학문적 단련을 바탕으로 더는 어리석지 않은 데다 최고의 제자로 성장했다. 어느 날 공자는 안연에게 자신의 철학적 화두를 전해주려 한다. 마침 기회가 와서 극기복례라는 말을 던져준다. 마치 조사가 의발을 다음 조사에게 넘겨주는 대목 같다. 불교로 치면 전등식傳燈式과 같은 것일진대, 자신보다 안연이 먼저 죽었을 적에 공자가 왜 그리 슬퍼했는지 이해할 만하다.

그런데 이 장면에서 눈여겨보아야 할 것이 있다. 공자의 배움을 받은 안연이 흐느꼈다 하지 않는가(원문을 보면 흐느꼈다는 대목은 없다.

그러나 문맥을 감안하여 번역하면 이런 표현이 충분히 가능하다. 배병삼 교수의 번역을 따랐다). 최고의 진리를 전수하는 자리에 어찌 기쁨의 눈물이 없었겠는가. 《논어》를 읽다보면 여러 군데에서 유학이 유교가 되는 자리를 만나는데, 여기 나온 안연의 흐느낌이야말로 배움의 종교적 차원을 보여준다. 되돌아보자. 오늘 우리의 공부에 흐느낌이 끼어들 여지가 있는지. 자고로 우리는 너무 많은 것을 잃어버렸다. 과연 되찾을 수 있을까?

배우면 나와 세상을 이해하게 됩니다

3장.

자서전으로 배우는
공부의 가치

공부 도둑이 되거나
존재하지 않거나

　자서전을 즐겨 읽는다. 역사는 큰 이야기다. 그걸 통해 한 시대가 놓인 맥락을 이해하고 성찰의 기회를 누리게 된다. 그러나 과연 역사에 기록되고 평가된 것만이 옳을까. 대문자 히스토리에 가려진 낱낱의 삶은 없을까? 더 나아가 소문자 히스토리를 알게 되면 대문자 히스토리의 맹점을 알게 되지 않을까 하는 지적 호기심 때문에 읽는다. 그리고 역동적인 삶을 산 사람의 자서전을 읽는 것은 그 어떤 소설보다 더 박진감 넘치고 흥미롭다.

　그 가운데 개인적으로는 각별히 과학자의 자서전을 더 좋아한다. 권위에 주눅 들지 않고 늘 도전하는 자세, 당장의 이익보다 근원

　배우면 나와 세상을 이해하게 됩니다

에 대한 지적 호기심 등속이 무척 구미를 당기기 때문이다. 특히 이들이 성장하는 과정을 보노라면 공부의 근본 정신이 무엇인지 알 수 있는데, 오늘 우리가 잊고 있는 중요한 가치를 소환하고 있다. 독후감 형식을 빌려 인상 깊었던 자서전을 소개하며 공부의 참된 가치를 되새겨보자.

먼저, 물리학자 장회익의 《공부 도둑》.

'말발' 센 고전 평론가 고미숙은 "공부하거나 존재하지 않거나"라고 자신의 존재 이유를 밝히면서, "청소년들이여, 호모 쿵푸스가 되어라!"고 '선동'한 바 있다. 호모를 접두어로 하는 수많은 명명을 보아 왔지만, 쿵푸스라는 접미어가 있는 경우는 없었으니, 그이가 만든 말이 분명하다. 도대체 무슨 뜻일까 했더니, "인생과 우주에 대한 진검승부"를 펼치며, "몸과 인생과 공부가 완전 하나 되는 오묘한 경지에 도달하는" 삶을 말한다. 아, 이것은 우리가 그동안 알아오던 공부와는 너무 다르다. 한몫 단단히 잡고 권력 누리려면 공부하라 해오지 않았던가. 저 유명한 급훈, 그러니까 '10분 공부 더하면 남편 직업이 달라진다'는 것이 그동안 우리를 지배해온 공부론이다. 그런데 묘하다. 명문대학에 들어가자는 것도 아니요, 고시에 붙자는 것도 아닌 고미숙의 공부론을 읽고 있자니 코끝이 찡하고 가슴이 벅차오른다. 그렇게 살아오지는 못했으나, 본디 공부의 참뜻이 무엇인지는 알고 있었다는 말일테다.

여기, '호모 쿵푸스'로 살아온 노학자가 있다. 칠십 평생을 되돌아보며, 자신의 삶을 '도둑'이라는 말로 요약했다. 이런 경망한 일이, 라며 놀라지는 마시라. 도둑은 도둑이로되, '공부 도둑'이라 했으니 말이다. 궁금하기 짝이 없을 터. 호모와 쿵푸스가 어울릴 거라 여기지 않았듯, 공부와 도둑도 좀체 연관성이 있어 보이지 않는다. 그러나, 이것이 웬일인가. 또다시 감동의 물결이 일어난다. '한 공부꾼의 자기 이야기'라는 부제가 붙은 《공부 도둑》에 그 뜻이 이렇게 새겨져 있다.

나는 이미 선언했듯이 공부꾼일 뿐이다. 그리고 공부꾼은 곧 학문도둑이다. 나는 전 우주의 학문 보물창고에 들어가서 학문의 정수들만 다 골라 훔쳐내고 싶다. 그런데 문제는 이 보물창고에 어떻게 진입하느냐 하는 점이다. 여기에는 창고에 따라 각각 모양이 다른 수많은 열쇠가 필요하다. …(중략)… 그런데 고수도둑은 한두 개 문만 여는 열쇠를 가지는 것이 아니라 아예 '마스터 키'를 마련한다. 하나 가지고 모든 문을 다 따고 싶은 것이다.

도둑이라는 말에서 아연 긴장감을 느낀다. 철통같이 막아서고 있는데, 이를 교란하고 넘어 들어가 훔쳐와야 하니까. 배포가 커야 하고 지혜로워야 하는 법. 금지하기에 이를 어기고픈 욕망도 깃들어

배우면 나와 세상을 이해하게 됩니다

있다. 활짝, 열려 있으면 굳이 들어서려 하지 않게 마련이다. 만약 판도라의 상자가 열려 있었다면, 어떤 일이 벌어졌을까. 아마 그 누구도 관심을 기울이지 않았을 터. 공부 도둑이라, 삶과 자연, 그리고 우주의 비밀을 알고 싶어 평생을 보낸 학자가 자신을 일컬을 때 이만한 말이 어디 있겠는가.

하나, 공부 도둑 되기가 어디 그리 만만하던가. 가풍이 부재했다는 말은 무엇을 뜻할까. 먹고사는 문제를 해결하려고는 노력했으나, 삶의 가치를 높이는 데는 그리 관심이 없었다는 뜻일 터. 장회익은 바로 이런 집안에서 성장했다. 할아버지는 공부하는 것을 싫어하는 야생마였다. 아들한테도 인색하더니 손자 앞길도 막아버렸다. 초등학교를 중퇴시켜버린 것이다. 이때를 되돌아보며 "산으로 들로 일하러 다녔다"고 했다. 이 체험을 바탕으로 장회익 특유의 수사학인 '인삼과 산삼'론이 나온다.

《공부 도둑》을 읽다보면 슬며시 헛웃음이 나온다. 자신을 여러 차례 아인슈타인과 비교하는 대목이 나와서 그렇다(짓궂은 말이지만, '그토록 닮았다면 왜 노벨상은 못 받았지'라는 생각이나, '그이만큼 유명하지 못한 이유는 무엇이지'라는 의문이 들었다는 뜻이다). 먼저 성장과정에 유사점이 여럿 있다. 초등학교 6학년 때 학교를 떠나 감곡중학교 2학년에 편입했듯, 아인슈타인은 고등학교를 자퇴하고 1년간 홀로 공부했다. 제도권 밖에서 수학과 물리학을 제 힘으로 공부하고 그 원리

를 깨쳤다는 점도 같다. 아인슈타인이 1년 동안 실업학교를 다닌 것
도 청주공고로 진학한 장회익과 비슷하다. 자유인을 꿈꾸었다는 점
도 같다. "앉은뱅이 책상 하나 그리고 종이와 연필"만 있으면, "기꺼
이 학문과 함께하는 삶을 살겠다"고 꿈꾼 적이 있는데, 아인슈타인
도 그러했더랬다.

따지고 보면, 이 대목에 오늘 우리가 깊이 성찰할 만한 주제가 담
겨 있다는 생각이 강하게 든다. 장회익은 제도 교육권을 떠나 있던
시절을 일러 "야생경험"이라 한다. 산과 들로 나돌아다니고 소에게
풀 먹이며 소일했기에 그러하지만, 남의 도움을 받지 않고 공부한
사실을 돋을새김하는 말이기도 하다. 그 시절, 장회익은 두 개의 부
채가 계속 도는 일종의 영구기관을 구상했고, 피타고라스 정리를 이
해해 주변사람에게 설명했다. 중학교 때 아버지가 던진 물리문제를
푼 것을 포함해 이 경험들이 물리학의 세계로 빠져든 결정적인 계기
가 되었다. 아인슈타인과 장회익의 이력에는 이즈음 세태와 너무 다
른 것이 많다. 창의성과 상상력이 경쟁력 있다 평가받는 시대, 우리
의 현실은 거꾸로 가고 있다. 다시 입시교육이 강화되고 있다. 사교
육이 기승을 부리고 있다. 독서를 해도 논술 때문이다. 알고 이해하
고 외우는 것의 목적이 다 정해져 있다. 숨 쉴 틈도, 성찰할 여유도,
상상할 마당도 없다.

장회익은 이렇게 길러진 사람을 '인삼'이라 한다. 비료 주고 농약

배우면 나와 세상을 이해하게 됩니다

쳐주고 빛 가려주고 비 막아주자 겨우 자라난 것. 약효가 전혀 없다 할 수 없으나, 어찌 산삼에 비할 바 있겠는가. 그렇다면, 산삼은 누구를 말하는가. 바로 자신과 아인슈타인 같은 사람을 이른 말이다. 고작 인삼이나 키우려고 이 난리인가 싶어지면 우울해진다. 고만고만한 것들이 즐비하게 자라나는 풍경을 떠올리면 끔찍해진다. 원본대로 따라하는 아류는 여럿 나타나겠지만, 학문의 세계에서 '대박' 터트릴 만한 인물을 기대하기는 어려울 게 뻔하다. 이래서는 우주와 생명의 비밀을 풀 마스터키를 찾아낼 도리가 없다. 살아가면서 부딪히는 문제에 예민하게 반응하고 이를 해결하려고 스스로 공부해 원리를 익히고 마침내 문제를 풀어나가는 것이야말로 참된 공부일 터. 장회익은 비틀어지고 일그러진 우리 사회가 귀담아 들을 만한 말을 던진다.

내가 지금까지 시험에서 좋은 결과를 얻은 것은 결코 시험 준비를 철저히 해서 그런 게 아니다. 오히려 시험과 무관하게 공부했기에 내 나름의 능력을 기를 수 있었고, 이렇게 길러진 능력이 시험에서도 그 효과를 발휘한 것뿐이다.

《공부 도둑》은 수학과 물리학의 원리를 자력으로 깨닫던 잔챙이 도둑이 생명의 비밀을 이해하는 '대도大盜'로 성장하는 과정을 담았다. 생명에 대한 관심을 촉발시킨 도화선은 슈뢰딩거의 《생명이란 무엇인가》였다. 이 책은 "생명이란 음(-)엔트로피를 먹고사는 존재"라는 언명 이외에 더 나아가지 못했다는 게 그의 주장이다. 장회익은 한 걸음 더 나아가야 한다고 여겼다. 본디 스스로 문제를 제기하고 제 힘으로 해결해오지 않았던가. 연구를 거듭한 끝에 그는 통념을 깨고 "생명의 생명다운 점은 그 생명체 내부에 있는 것이 아니라 '그것과 바깥에 있는 그 무엇과의 결합'에 있다"는 데 이르렀다. 이 같은 전복적인 발상은 요시노 히로시吉野弘의 〈생명은〉이란 시가 지지해주고 있으니, "생명은/자기 자신만으로는 완결이 안되는/만들어짐의 과정//꽃도/암꽃술과 수술로 되어 있는 것만으로는/불충분하고//벌레나 바람이 찾아와/ 암꽃술과 수술을 연결하는 것.//생명은 제 안에 결여를 안고/그것을 타자가 채워주는 것"이라고 노래했다. 평소 과학이 추구하는 바가 그 모든 것의 원리를 설명하는 가장 단순한 공식이라면, 이것은 통찰에 바탕을 둔 시의 정신과 일치한다고 여겨왔는데, 이 사례가 이를 입증하고 있는 듯싶다. 자칫 복잡하고 어려울 수도 있는 온생명론을 지은이가 요령껏 정리해주었으니, 아래와 같다.

우리가 지금까지 '생명'이라고 생각했던 것은 진정한 의미의 생명이 아니라 이것의 한 부분인 '낱생명'이었다. 이것이 생명으로

배우면 나와 세상을 이해하게 됩니다

기능하기 위해서는 이것의 밖에 있으며 이것 못지않게 본질적인 존재인 '보생명'과 함께해야 한다. 이렇게 함께해서 진정한 의미의 생명구실을 하는 그 자체가 바로 온생명이라는 이야기다.

장회익의 논리에 따르면, 우리의 삶은 전혀 다른 가치를 띤다. 나라는 존재 자체가 40억 년에 이르는 생명경험의 결과물이다. 지구에 생명이 형성되는 숱한 인과적 사슬뭉치가 오늘에 이르는 데 걸린 시간이 그만하기 때문이다. 이를 달리 표현하면, 우리 모두의 나이는 사람으로 태어나 살아온 만큼이 아니라 40억 년에 이른다는 말이 되며, 남아 있는 생명 역시 몇 십 년 후가 아니라 적어도 몇 십억 년이 된다. "내 개체는 사라지더라도 온생명으로 내 생명은 지속"될 터이다. 아, 마침내 장회익은 큰 도둑이 되고만 것이다. 생명 탄생의 비밀을 밝힐 뿐 아니라 죽음에 대한 두려움도 거뜬히 이겨낼 '과학적' 논리를 드러내고 있지 않은가. 더불어 지구온난화를 온생명의 건강에 닥친 이상 징후로 읽어내고 그 해결책을 고민한다. 생명의 역사에서 이 문제는 심각한 모순이다. 온생명이 인간을 빚어냈으나, 그 인간이 온생명을 교살하려 하니 말이다. 이제 장회익은 물리학자가 아니다. 문명의 방향을 선회해야 온생명을 살릴 수 있다고 선언하는 사상가로 거듭난다. 공부하다 '존재의 전환'을 겪은 셈이다.

책을 다 읽고 나면, 기이한 열망에 사로잡힌다, 도둑이 되고 싶다는. 그것이 무엇이든 참된 것이라면, 그것이 누구의 손아귀 안에 있든 훔쳐내고 싶어 안달이다. 감히, 진리의 성채를 여는 마스터키를 바라지는 않는다. 상처받은 영혼에 위로가 되고 더 나은 사회를 꿈꾸는 데 필요한 것을 갈망할 따름이다. 이제, 고미숙의 멋들어진 표어를 비틀어보자. "공부 도둑이 되거나 존재하지 않거나!"

배우면 나와 세상을 이해하게 됩니다

의심하고 비틀어보고
질문하라

파인만은 모험과 우스개의 주인공으로 알려진 흔치 않은 물리학자다. 축구로 치자면 개인기가 출중해 문지기마저 희롱하는 화려한 플레이를 자랑하는 골잡이라 보면 된다. 프리먼 다이슨은 파인만의 과학 스타일이 빛나고 인상주의적이었던 바 "불투명한 미분 방정식이 아니라 투명한 그림으로 자연을 설명했고, 칠판을 가득 메운 비의적인 기호가 아니라 극적인 몸짓과 온갖 의성어를 동원해서 강연했"다고 회고했다.

그렇다고 파인만이 '광대' 기질만 있는 것은 아니었다. 파인만은 물리학 분야에서 혁명적인 아이디어가 나타났을 적에 그것이 얼마나 멋지냐보다 얼마나 올바른 것이냐를 판단의 잣대로 내세웠다. 그 자신이 일순간의 놀라운 발명으로 과학의 새 지평을 열기보다는 기존의 것을 바탕으로 세심하고 고된 과정을 거쳐 새로운 이론을 내놓았다. "그가 만든 것 중에서 서둘러 구축한 것은 하나도 없고, 이 모든 것들은 세월의 시험을 견디고 서 있다." 역시 프리먼 다이슨의 회고다.

하지만 파인만의 진중함과 진정성, 그리고 끈기를 동경해서 《파인만 씨, 농담도 잘하시네!》(이하 《파인만!》)를 읽을 리는 없다. 결코 과학자에게서는 기대할 수 없는 일화, 그러니까 과학자와 군사 전문가들이 한데 모여 있는 데서 남의 금고를 열어젖히고, 죽음이 예고된 여성과 결혼하는 순애보를 남기고, 밴드에서 드럼을 치며 삶을 즐길 줄 알고, 바에서 만난 여성을 꼬드기려고 애썼다는 전설적인 이야기의 주인공에 흥미를 느끼지 않을 사람이 어디 있겠는가. 기행만 일삼았다면 무에 대단하겠느냐만, 그 와중에도 1965년 노벨물리학상을 받았고 1986년에 일어난 우주 왕복선 챌린저호의 폭발원인을 밝혀내 성과를 올린 출중한 학자였기에 그의 자서전에 대한 관심이 높은 것이리라.

《파인만!》을 읽다보면 대뜸 "개체발생은 계통발생을 반복한다"는 말을 떠올리게 된다. 그의 일대기를 보노라면 과학자들이 겪었음직한 성장과정의 특징이 잘 드러나 있다는 말이다. '이름하여 천재

배우면 나와 세상을 이해하게 됩니다

과학자는 어떻게 태어날까?'라는 관점으로 이 책을 읽노라면 새로운 것을 깨우치게 된다.

　먼저 아버지의 역할. 그의 아버지는 제복장사를 했다. 아내에게 만약 아들이 태어나면 과학자가 될 거라 했다니, 과학에 대한 열정이 대단했던 모양이다. 파인만의 회고에 따르면 아버지는 그를 무릎에 앉혀놓고 백과사전을 읽어주곤 했다. 동화책이 아니라 백과사전을 읽어주었다는 것도 특이하지만, 읽어주는 방식도 남달랐다. 공룡 항목에 티라노사우루스 렉스가 나오고, "이 공룡은 키가 7~8m이며 머리 둘레가 2m 정도"라고 풀이되어 있었다. 이 구절을 읽고 나서 아버지는 무슨 뜻인지 생각해보자 했다. 공룡이 만약 집앞 뜰에 서 있다면 책을 읽는 2층 창문에 닿을 만한 크기인데, 머리가 커서 창문으로 들어올 수는 없겠다고 말해주었다. 딱딱한 내용을 실감나게 풀어 설명하는 과정에서 과학적 흥미는 배가되었다. 아버지는 늘 예를 들어 설명하고 대화로 가르치려 했다. "강요나 억압은 전혀 없었고 단지 흥미롭고 사랑이 깃든 대화가 있을 뿐이었다." 훗날 그가 명강의로 이름을 날리게 된 힘의 근원이 어디 있는지 짐작할 수 있다.

　모든 아버지는 스승이자 경쟁자이기도 한 법이다. 열세 살 적에 도서관에서 미적분학 책을 빌리려 하자 어린아이가 왜 이런 책을 보려 하느냐고 사서가 물었다. 아버지께서 보려 한다고 거짓말하고는 빌려와 혼자 공부했다. 아버지도 읽었는데, 복잡하다며 잘 이해하지 못했다. 자신은 비교적 쉽고 간단하다고 느꼈는데 말이다. 늘 가르침을 받아왔는데, 이제 가르쳐드릴 정도로 훌쩍 자라났다. '청출어람'은 이럴 때 쓰라고 사전에 있는 말이다. 믿기지 않을 정도로 유사한 내용이 장회익의 자서전《공부 도둑》에도 나온다. 그의 아버지는 초등학교 졸업이 최종학력이다. 그럼에도 동료들이 '장 박사'라 부를 만큼 견실한 토목기술자로 살았다. 평소 수학과 물리학을 깊이 이해한 데다 꾸준히 관련학문을 공부해온 덕이다. 장회익이 일찌감치 이들 과목에 흥미를 느낀 이유이기도 하다. 그런 아버지가 여러 차례 미적분학을 혼자 힘으로는 공부해낼 수 없다고 실토한 적이 있었다. 고등학교 시절, 러브의《미적분학》을 읽고 나서 눈을 떴다. 그래서 아버지에게 미적분을 이해했다며, 가르쳐드리겠노라 선언했다. 아버지는 아들의 설익은 지식을 아랑곳하지 않고 흔쾌히 가르침을 받았다고 한다.

무릇 이 땅의 아버지들은 스스로 물어보아야겠다. 다음 세대에게 지적 흥미와 자극을 주는 살아 있는 교육을 하고 있는가라고. 그리고 기억해야겠다. 모든 것은 아버지한테 배우는 법이라는 것을.

두 번째는 어린이를 위한 과학자 위인전에 물릴 정도로 나오는 내용이다. 왕성한 지적 흥미를 이겨내지 못해 실험을 하다 사고를 겪는 일이 많다는 점이다. 개구쟁이에 익살꾼이었던 그가 남 보기에 아슬아슬한 일을 얼마나 자주 저질렀을지는 불을 보듯 뻔하다. 기

배우면 나와 세상을 이해하게 됩니다

껏 말했는데 친구들이 믿지 않으면 실제로 보여주겠다고 나섰다. 오줌이 중력으로 떨어진다고 우기는 친구에게 물구나무 서서 오줌 눌 수 있다며 실연을 해보였다. 동네 꼬마들을 대상으로 화학을 이용한 마술쇼를 한 적도 있다. 광대기질이 있는지라 인기를 끌었던 모양이다. 벤젠을 이용해 손에 불을 붙이고는 불이 났다고 호들갑을 떨며 쇼를 마쳤다고 한다. 친구들이 믿지 않자 재연을 해보였다. 이번에는 손에 화상을 입는 큰 사고가 났다. 이유인즉슨, 어릴 때와 달리 손등에 난 털이 심지 역할을 했던 것이다.

자서전의 백미라 할 프리모 레비의 《주기율표》에도 실험에 얽힌 이야기가 여럿 나온다. 그 가운데 인상적인 대목 하나. 형이 등산 가면서 실험실 열쇠를 맡겼다며 친구가 찾아왔다. 고양이에게 생선가게를 맡긴 격이다. 열여섯 살 때다. 둘 다 화학자가 되리라는 사실을 의심하지 않았다. 친구는 그것으로 돈벌이와 안정된 삶을 꿈꿨다. 프리모 레비에게는 미래의 모든 가능성을 뜻했다. 두 사람은 실험실에서 화학교과서에 나와 있는 현상 가운데 적어도 하나 정도는 직접 확인하기로 했다. 처음에는 웃음가스로 알려진 아산화질소를 만들려 했다. 연기가 엄청나게 피어올라 웃음은 고사하고 질식할 뻔했다. 결과가 확실한 실험에 도전하려고 물을 전기분해해보기로 했다. 양극 쪽의 병에 기체가 절반 정도 찼는데, 친구가 그것이 수소와 산소라는 증거가 없다 했다. 모욕감을 느낀 프리모 레비가 음극 쪽의 유리병 주둥이 근처로 성냥을 켰다. 폭발이 일어났다. 그때를 회고하며 적은 문장이 참으로 아름답다. "그러니까 그것은 수소였다. 태양과 별들 속에서 타고 있는 것이고, 영원한 침묵 속에서 뭉치면서 온 우주를 구성하고 있는 바로 그것이었다."

그들에게는 집에도 실험실이 있었다(형 것이든 친구 것이든). 큰 사고가 날 뻔하기도 했지만, 어린 시절부터 지적 호기심을 실험으로 풀어가며 과학자로 성장해나갔다. 예전과 달리 학교에 실험실이 많이 늘었다는 말을 전해 듣기는 했으나, 입시에 치인 청소년이 얼마나 자유롭고 흥미롭게 실험에 매달릴지 모르겠다. 기반도 만들어주지 않고 노벨상 받자고 팔 걷어붙이는 것은 도둑놈 심보일 뿐이다.

계통발생의 과정을 거친 파인만이 독자적인 학문세계를 세울 수 있는 절대적인 힘은 어디에서 비롯했을까.《파인만!》을 읽으면서 이 점을 찾아내기는 어렵지 않다. 이 책의 가치를 높이고 흥미를 돋워주는 대목도 여기에 있는 바, 권위에 대한 도전이 바로 그것이다.

로스앨러모스에서 파인만은 위대한 과학자들을 만난다. 막 박사학위를 마친 그에게 눈길을 돌릴 거물은 없다. 단, 한스 베터는 예외였다고 한다. 그는 사무실로 들어와 건방진 젊은이를 붙들고 논쟁을 벌인다. 그러면 그 젊은이는 이렇게 말한다. "아니요, 아니요, 그건 미친 생각이에요. 이건 이렇게 될 거예요." 그러자 한스 베터는 '잠깐만'이라 하고는 왜 자신이 미치지 않고 젊은이가 미쳤는지 설명한

배우면 나와 세상을 이해하게 됩니다

다. 무례한 젊은이가 파인만이라는 것은 두말할 나위도 없다. 닐스 보어가 만나자고 했다. 효율적으로 폭탄을 만들 아이디어가 있다며 설명하자 파인만은 그렇게는 잘 안 될 거라고 대꾸했다. 닐스 보어의 반론이 있자 약간 나은 것 같지만 여전히 바보 같은 생각이라며 비판했다. 두 시간 남짓 공방이 벌어졌다. 그때야 닐스 보어가 말했다. "이제 거물들을 불러모을 수 있겠군."

창조와 혁신은 권위에 대한 도전에서 비롯된다. 창의의 영역에 영원한 법칙은 없다. 지금까지 유효한 것만 있을 뿐이다. 의심하고 비틀어보고 다시 생각해보고 질문해 나갈 때 새 지평이 열리는 법이다. "남이야 뭐라 하건!" 자기의 주장을 당당히 펼치는 정신이 우리에게는 절실하다. 그리고 그 도전을 높이 쳐주는 너그러움 또한 간절하다.

아름다운 자연이
스승이었다

윌슨은 역시 탁월한 이야기꾼이다. 《인간 본성에 대하여》나 《개미언덕》 같은 과학책으로 퓰리처상을 받아낸 필력을 새삼 확인하게 된다. 그렇다고 무장해제하라는 말은 아니다. 그의 주장은 인문학 진영에서 여전히 비판과 의혹의 대상이 되고 있음에도 과학이라는 방패를 내세워 더 넓게 지지자를 얻어가고 있으니 말이다. 그럼에도 잠시 긴장을 풀고 그의 말을 귀 기울여 들을 필요는 있다. 삶의 어떤 계기가 빼어난 곤충학자를 만들고, 어떤 인연과 노력으로 새로운 이론을 세우는지 제대로 파악할 수 있는 절호의 기회니까.

그의 자서전 《자연주의자》를 읽다보면, 새옹지마(塞翁之馬)라는

배우면 나와 세상을 이해하게 됩니다

말이 퍼뜩 떠오른다. 윌슨의 어린 시절은 불우했다. 부모가 이혼했고, 아버지는 직업 특성상 여러 곳을 떠돌아 다녔다. 대학에 들어갈 나이가 되었을 때는 등록금 걱정으로 편법을 생각해냈다. 군에 입대해 참전용사가 돼 학자금을 받을 생각마저 했던 것이다. 다행히 이혼한 어머니의 도움과 저렴한 학자금 덕에 대학을 마칠 수 있었다. 학계를 호령하는 인물치고는 상당히 '신파'조의 삶을 살았던 셈이다. 그렇다면 불우했다 하면 될 것을, 굳이 새옹지마라 했을까?

먼저 아버지가 '유목민'이었다는 점을 기억해야 한다. 어린 시절 낯선 곳에 가면 소년은 위축되게 마련이다. 텃세를 부리는 아이들은 늘 있는 법이다. 특히 떼 지어 몰려다니는 아이들은 피하는 게 낫다. 어린아이나 어른이나 인간관계는 늘 어려운 법이다. 터를 옮길 적마다 새로운 친구를 사귀기보다 자연을 친구로 택하는 것이 더 수월하다. 익히 예상할 수 있듯 그는 동물과 식물에게 기대었다. 그에게 자연은 피난처이며 모험의 한마당이었으니, "인간의 때가 묻지 않은 자연은 개인적 비밀, 안전감, 제어 가능함, 자유로움이 존재하는 이상적 세계였"다. 윌슨 덕에 우리가 이번 기회에 확정할 것이 있다. "아름다운 환경 속에서 고독하게 자라는 것이 과학자, 적어도 야외 생물학자가 되게 하는 데 위험하기는 하나 좋은 방법"이라는 것을 말이다.

두 번째는 일곱 살 무렵 일어난 일이다. 이혼한 부모는 여름 방학

동안 윌슨을 패러다이스 해변에 있는 한 가정집에 맡겼다. 자서전의 첫 장이 패러다이스 해변에서 보낸 일로 시작하는 이유다. 이때를 그는 "환상적인 시절"이라 기억한다. 왜 아니겠는가. 아침 먹고 나자마자 바닷가로 달려갔다. 바다에 떠 있는 것이라면 무엇이든 관찰했다. 점심을 먹고 나서도 그랬고, 저녁을 먹고 또 그러다 늦게야 잠자리에 들었다. 그러고는 잠들 때까지 그날의 추억을 곱씹었단다. "마구잡이 생활"을 했던 것. 윌슨은 자신의 어린 시절을 돌아보며 "한 사람의 자연 연구가가 어떻게 태어나는지 생생하게 말해준다"고 큰 소리치는데, 그 내용인즉 다음과 같다.

어떤 사람의 자연 연구가를 만들어내는 데는 어떤 결정적인 시기에 일정한 체계적 지식보다는 직접 경험을 갖는 일이 중요하다. 어떤 학명이나 해부학적 지식을 아는 것보다 그런대로 누구한테도 가르침을 받은 적이 없는 야만인이 되는 것이 좋다. 오랫동안 그저 찾아다니고 꿈을 꾸는 시간을 갖는 것은 더더욱 좋다.

만고의 진리일 터. 도대체 어느 나라 과학자가 '초딩' 시절부터 학원 다니고 '중딩' 때는 과학고 가기 위해 과외를 받았을까. 모르겠다. 윌슨은 자연 연구가라 좁혀 말했으니, 이 나라처럼 의사가 되려면 그러해야 하는지도. 그럼에도 이 말에서 우리가 크게 깨달아야

배우면 나와 세상을 이해하게 됩니다

할 것이 있으니, 어린 시절부터 자연에 대한 호기심과 경외감 있는 이가 생명과 환경의 가치를 존중하는 과학자로 자랄 가능성이 크다는 점이다.

그런데 이 천국 같은 곳에서 윌슨은 사고를 당했다. 선창에서 낚시를 하고 있었다. 등지느러미 쪽에 바늘 같은 가시들이 솟아 있는 핀피시를 낚아 올렸는데, 너무 세게 당겼는지라 그만 핀피시가 얼굴을 덮치면서 오른쪽 눈 동공에 상처를 입었다. 무척 아팠지만 낚시를 계속하느라 신경 쓰지 않았다. 다음 날에는 고통도 가라앉은지라 잊고 있었다. 그런데 몇 달 지나자 상처가 백내장으로 발전해버렸다. 상황이 좋지 않아 오른쪽 눈은 시력을 잃어버렸다. 한쪽 눈으로만 볼 수 있다는 것은 입체적인 관찰 능력을 잃었다는 사실을 뜻한다. 다행히 왼쪽 눈의 시력이 무척 좋아 세밀한 관찰에 유리한 면이 있었다. 작은 곤충의 몸에 나 있는 섬세한 주름이나 털까지도 잘 알아볼 수 있었단다.

신체 결함은 여기서 그치지 않는다. 훗날 어른이 되고 나서는 높은 음역을 듣지 못하게 되었다. 보청기 없이는 개구리와 새 소리를 들을 수 없었다고 한다. 스스로 말하듯 윌슨은 "우연한 생리적 능력의 축소" 탓에 "작은 몸짓으로 기어 다니거나 날아다니는 곤충을 다루는 곤충학자가 되도록 운명지어진 것"이다. 윌슨이 만약 개미라는 사회성 곤충을 전공하지 않았다면 오늘에 이를 수 있을까,라고 질문을 던져본다면 한 사람에게 주어진 운명의 힘을 믿지 않을 수 없는 법. 윌슨은 불운이 행운으로 바뀌기도 한다는, 새옹지마의 살아 있는 모델이다.

《자연주의자》의 상당 부분은 자연을 품에 안은 한 소년이 세계적 명성을 얻는 개미 연구가로 성장하는 과정을 담았다. 대체로 연대기순으로 쓰인 자서전이 긴장감이 떨어지고 흥미를 잃게 마련인데, 윌슨의 것은 그렇지 않다. 무엇이든 잡고 키우고 관찰하기를 좋아했던 소년이 저지른 촌극이 연출되는 데다, 나이가 들며 학문적 열정이 덧씌워져 더 광활한 영역을 대상으로 모험을 떠나는 이야기가 소개되어 있기 때문이다. 그의 제자인 최재천 교수가 《열대예찬》이라는 책을 쓴 바 있는데, 이 열정이 바로 윌슨에게서 '유전'된 바 아닌가 싶은 대목도 상당히 비중 있게 나온다.

원시적 정열에 휩싸여 자연을 휘젓고 다니던 어린 사냥꾼은 이제 세계적인 진화생물학자로 우뚝 선다. 여기까지 같이한 동료 학자들은 여럿이다. 그런데 윌슨은 홀로 새로운 걸음을 뗀다. 미지의 땅은 늘 위험하다. 그는 자신이 첫발을 내디딘 곳이 학문적 지뢰임을 인정해야만 했다. 그가 예상하지 못한 엄청난 폭발이 일어났던 것이다. "타고난 종합가인 나는 하나의 통일적 이론을 완성하는 데 대한 꿈을 버리지 않았다." 이 한 구절에서 그가 문제작 《사회생물학》을 집필한 동기를 눈치챌 수 있을 터다.

배우면 나와 세상을 이해하게 됩니다

공부의 진정한 가치가
살아 있던 시대

마지막으로 파인만의 동료이기도 했던 프리먼 다이슨의 자서전
《프리먼 다이슨, 20세기를 말하다》를 살펴보자.

다이슨 자서전의 미덕으로 추켜세울 것은 많다. 그럼에도 나를
사로잡은 것은 자서전에 나오는 빼어난 물리학자들 이야기였다. 다
이슨이 영국에서 공부하다 미국으로 와서 코넬대학교 물리학과 대
학원생이 된 것은 1947년 9월이었다. 그의 지도교수는 한스 베터였
는데, 그 인연 덕에 다이슨은 "순수 물리학의 르네상스"를 이끈 쟁쟁
한 인물들과 교류하며 자신만의 학문세계를 펼쳐나갔다. 그러다보
니 지적으로 자극받은 내용을 비롯해서 논쟁을 한 장면, 물리학자들

의 개인적 성품, 그리고 일반에게 잘 알려지지 않았던 내밀한 삶의 이야기가 다채롭게 펼쳐진다. 다이슨 자서전을 일종의 물리학자 열전으로 읽으면 흥미가 배가 된다.

다이슨의 '물리학자 열전'을 읽으면 자연스럽게 어떤 공통점을 발견하게 된다. 스스로 뛰어드는, 난관을 만나도 좌절하지 않는, 마침내 문제를 해결해내는, 그 공을 독차지하지 않는 우리가 기대했던 바로 그런 유형의 과학자를 만난다는 뜻이다. 그런데 책의 전체 문맥에서 물리학자 열전을 읽으면 좀 쓸쓸해진다. 위대한 발견과 창의성은 어디에서 비롯하고, 그것을 무엇이 억누르는지 확실하게 알게 되어서다. 다이슨은 20세기의 과학을 이런 측면에서 회고하고 평가하고 있다. 위대한 낭만의 시대에서 억압적인 관료의 시대로, 라고. 먼저 그가 그리는 물리학의 르네상스 시기를 보면 다음과 같다.

내가 얼마나 빠르고 쉽게 원자폭탄을 만들어낸 사람들과 어울리게 되었는지 나도 놀랄 지경이었다. 그들의 경험은 나와 완전히 달랐는데 말이다. 나는 그들에게 로스앨러모스 시절에 대해 끝없이 많은 이야기를 들었다. 그 수많은 이야기 속에 그들의 긍지와 향수가 반짝이고 있었다. 한 사람 한 사람에게 로스앨러모스 시절은 위대한 경험이었고, 고된 작업과 동료애로 둘러싸인 행복한 시기였다. 그들은 코넬대학교 물리학과에서 여전히 로스앨

배우면 나와 세상을 이해하게 됩니다

러모스의 분위기를 느낄 수 있어서 기뻐하는 것 같았다. 나도 그런 분위기를 생생하게 느낄 수 있었다. 젊고, 의욕이 넘치고, 격식을 따지지 않으며, 시기하거나 질투하지 않고, 명예를 다투지 않으며, 과학에서 위대한 것을 함께 성취하려고 노력하는 분위기였다.

돈이나 명예 따위가 과학 하게 하는 힘이 아니었다. 억압적이고 권위적인 시스템이 있어 가능한 일도 아니었다. 우주의 근본원리를 파헤치려는 지적 욕망이 서로를 자극했다. 재미와 열정이 이들을 상징하는 낱말이다. 파인만이 위대한 선배 세대에게 덤벼들었듯이, 다이슨 역시 파인만에게 따지고 들었다. 싸우고 틀어지고 화해하고 다시 싸우며 검증해나갔다. 그러는 가운데 종합이 나오고, 새로운 착상이 싹터 올랐다. 가장 순수했기에 가장 화려했다. 그러나 과학을 둘러싼 분위기는 바뀌었다. 안전 원자로를 개발하면서 그는 거인의 시대가 가고 난쟁이 시대가 도래한 이유를 깨달았다.

원자력 산업의 근본문제는 원자로 안전이 아니며, 폐기물 처리나 핵 확산도 아니다. 이런 것들도 큰 문제이기는 하지만, 가장 근본적인 문제는 아무도 재미로 원자로를 만들지 않는다는 것이다. 현재의 조건에서는 열정으로 가득한 과학자들이 폐교 건물에 모여 3년 만에 원자로를 설계하고 건조하고 시험해서 허가를 받고 판매까지 한다는 것은 불가능하다. 1960~1970년 어느 때 쯤에 이 사업에서 재미가 빠져 나가버렸다. 모험가, 실험가, 발명 가들은 추방되었고, 회계사와 관리자 들이 그들의 자리를 차지 했다. 개인사업자뿐만 아니라 로스앨러모스, 리버모어, 오크리 지, 아르곤 등의 정부연구소에서도 매우 다양한 원자로를 만들 고 발명하고 실험하던 똑똑한 젊은이들이 사라졌다. 회계사들과 관리자들은 똑똑한 사람들이 이상한 원자로를 갖고 노는 것이 비용면에서 효율적이지 않다고 결정한 것이다. 그래서 이상한 원자로들은 사라졌고, 기존 시스템이 근본적으로 개선될 기회도 없어졌다. 극소수의 원자로만 남았고, 살아남은 원자로 형태는 본질적인 변화를 불가능하게 만드는 거대한 관료조직 속에 얼어 붙었다. 그래서 모든 원자로가 기술적으로 불완전한 채 개선되 지 않았으며, 버려진 여러가지 가능한 대안 설계보다 안전성도 떨어진다. 이제는 누구도 재미로 원자로를 만들지 않는다. 빨간 폐교의 정신은 죽었다.

과학에서 모험가, 실험가, 발명가 들이 추방되었다는 말은 가슴 아프다. 거대과학이 주도권을 잡으면서 한쪽은 실적이 한쪽은 관리 가 핵심어가 되는 분위기다. 거인의 목말을 타 새로운 지평을 보아

배우면 나와 세상을 이해하게 됩니다

야 하거늘, 잔재주나 피우는 광대만 보는 듯싶다. 이것이 어찌 1970
년대 미국 과학계, 그리고 현재 우리 과학계의 문제점일 뿐이겠는
가. 공부의 진정한 가치는 사라지고, 도구적으로 활용해 얻을 수 있
는 것만 강조되는 시대가 낳은 부산물일 뿐이다. 무릇 진정한 공부
는 과학의 정신과 너무나 유사한 법이다. 숱한 실수로 범벅된 실험
실을, 권위를 무시하고 도전하면서 자신만의 영역을 개척하려는 모
험심을, 끈끈한 동료애로 난관을 헤쳐 새로운 발명을 이루어내는,
그야말로 극적인 상황을 되찾아야 한다. 다시, 다이슨이 맞이했던
코넬대 대학원 시절로 우리 사회가 돌아갈 길은 없을까? 절대로 동
화와 같은 시절로 되돌아갈 수는 없을 터라고 냉소한다고 해도, 참
된 공부 정신을 회복해 근원을 파헤치려는 재미와 열정을 되찾는다
면 가능할 거라 믿어본다.

4장.

공부는
사고의 혁명이다

최종적인
정답은 없다

2장에서 동양적 관점에서 진정한 공부는 무엇인지 살펴보았다. 3장에서는 간주곡 형식으로 자서전을 통해 공부의 의미와 가치를 되새겨보았다. 이제, 서양적 관점에서 같은 주제를 다루어보자.

꼭 읽어보아야 할 과학책으로 흔히 토마스 쿤의 《과학혁명의 구조》를 꼽는다. 패러다임이라는 말을 널리 알린 책으로 과학사와 과학철학을 이해하는 데 큰 도움을 준다. 이 책은 과학의 역사를 정상과학, 위기, 두 패러다임의 발생, 새로운 정상과학의 등장이 반복하는 틀로 보고 있다. 이를 한마디로 하면 "과학은 패러다임이 정립된 정상과학과 이것이 바뀌는 과학혁명을 반복하면서 발전"한다가 된

배우면 나와 세상을 이해하게 됩니다

다. 정상과학은 "그 분야의 토대가 되는 이론이나 연구를 가능케 하는 방법론"을 말하며, 패러다임은 "과학자들에게 다양한 문제를 다루고 해결하는 방법을 주며, 어떤 문제가 중요한지 지침"을 제시하고, "표준적인 방법에 따라 중요한 문제를 풀 수 있다는 확신을 주며, 실험과 측정에 의미"를 부여해주는 것을 가리킨다.

좀 쉽게 풀이하면 이런 식이다. 중세에는 많은 사람이 태양이 돈다고 여겼다. 여러 관측과 측정이 이를 뒷받침했고, 기독교적 가치가 후원해주었다. 거기에 권위있는 아리스토텔레스의 우주관이 이론적 뒷받침이 되었다. 한동안 이 입장이 정상과학이었다. 그러나 태양이 돈다는 원칙에 어긋나는 관측 결과가 나오고, 풀리지 않는 문제가 발생한다. 일시적이고 단기적인 문제가 아니라 지속적이고 여러 차원에서 문제가 일어난다. 위기가 일어난 셈이다. 누군가 여러 근거를 들어 지구가 돈다는 가설을 내놓는다. 새로운 패러다임이 나타난 것이고, 본격적으로 두 패러다임이 경쟁을 벌인다. 심지어 지구가 돈다고 말한 이를 죽여버리거나 감옥에 가두는 일까지 일어난다. 그러나 숱한 관측과 실험이 결국에는 지구가 돈다는 가설이 참이라는 사실을 입증한다. 이제 지구가 돈다는 것이 새로운 정상과학이 된다.

이 내용을 홍성욱 교수가 다음처럼 요령껏 정리해놓았다.

역사적으로 보았을 때 한 과학분야가 그 분야의 토대가 되는 이론이나 연구를 가능케 하는 방법론, 그리고 의미 있는 문제의 총체인 패러다임을 받아들이면 이 과학분야가 정상과학 단계에 들어간다고 볼 수 있다. 정상과학하에서 과학자들은 패러다임이 제공하는 퍼즐 풀이에 몰두한다. 그렇지만 시간이 지나면서 정상과학의 패러다임 내에서 풀리지 않는 변칙이 등장하고, 정상과학은 위기의 국면으로 접어든다. 위기가 지속되면서 기존의 패러다임과 전혀 다른 새로운 패러다임이 등장해서 변칙을 설명하고, 그 뒤에 두 개 혹은 그 이상의 패러다임이 경쟁하는 과학혁명이 시작된다. 새로운 패러다임이 과거의 패러다임을 제치고 과학자 사회에 받아들여지면 혁명의 시기가 끝나고 새로운 정상과학의 단계가 시작된다. 즉 과학의 발전은 전(前) 정상과학, 정상과학, 위기, 혁명, 새로운 정상과학으로 이어진다. 여기서 보는 과학의 혁명은 봉건적인 왕정이 붕괴하고 근대적 공화정이 세워지는 사회혁명처럼 급격하고 총체적이다.

홍성욱 외, 《고전 강연 5》, 민음사

홍성욱 교수가 변칙 발생과 위기상황에 대해 자세히 말해준 대목을 보면 다음과 같다.

배우면 나와 세상을 이해하게 됩니다

변칙이 계속 등장하고 과학자 공동체가 기존의 틀을 바꾸지 않고는 변칙들을 설명하기 어렵다고 느끼기 시작하면 과학은 위기의 국면에 들어간다. 위기가 고조되고 경쟁하는 새로운 패러다임이 등장하면 혁명 단계에 진입하게 되는 것이다. 패러다임의 변화는 인식론에서의 변화만을 수반하는 것이 아니다. "패러다임이 변함에 따라서 세상이 변하는 것은 아니지만, 과학자들은 다른 세상에서 작업하게 된다"라는 쿤의 유명한 표현에서 볼 수 있듯이, 패러다임이 바뀌면 과학자들은 "다른 세상"에 살게 되는 셈이었다. 하늘에 변화가 없다는 아리스토텔레스의 패러다임이 지배적일 때, 천문학자들은 초신성 같은 변화를 거의 기록하지 못했다. 이 패러다임이 무너지면서 유럽의 천문학자들은 갑자기 하늘에서 초신성을 보기 시작했다. 패러다임이 바뀌면서 세계를 구성하는 존재들이 달라졌기 때문이다.

《과학혁명의 구조》를 읽으면서 내가 주목한 것은 패러다임의 전환이 아니다. 모두가 그 이론이 정상과학이라고 여기고 있을 적에 이상하다고, 아니라고, 다른 것이 가능하다고 이의를 제기한 과학자의 존재다. 정상과학을 위기로 본 과학자에게 주목했다는 말이다. 무엇이 이들을 모두가 동의하는 것에 맞서게 했을까? 그야말로 그것이 궁금했다. 그 답을 알려준 책이 있다. 마이클 셔머가 쓴 《왜 사람들은 이상한 것을 믿는가》이다. 이 책은 심령술 같은, 이성으로 보면 도무지 믿을 것 같지 않은 일을 왜 사람이 믿는지 분석했다. 답은 단순하다. 크레도 콘솔란스! 내 마음을 달래주기 때문에 믿는다는 뜻이다. 이 책에서 감동한 부분은, 미신에 가까운 것들을 믿는 사람들에 대한 이야기가 아니라, 과학정신이란 무엇인지 말해주는 대목이다.

다른 모든 인간활동으로부터 과학을 구분하는 것은 …(중략)… 바로 과학이 내린 모든 결론이 본질적으로 시험적이라는 것이다. 과학에서 최종적인 정답이란 없다. 오직 다양한 정도의 확률만 있을 뿐이다. 과학적 '사실'조차도 잠정적으로 동의를 표하는 게 합리적이라 할 수 있을 정도로만 확증된 결론일 따름이며, 그렇게 이루어진 합의는 결코 최종적이지 않다. 과학은 일련의 믿음들에 대한 긍정이 아니라, 끊임없이 반박과 확증에 열려 있는 시험가능한 지식체계를 구축하는 것을 목표로 하는 탐구의 과정, 과학에서 지식은 유동적이고, 확실성을 잡을 수 없는 것이다. 이것이 결정적으로 과학을 제약하는 것이며, 또한 과학이 가진 가장 큰 힘이기도 하다.

처음 이 구절을 읽을 때 뒤통수를 한 대 맞은 기분이 들었더랬

배우면 나와 세상을 이해하게 됩니다

다. 이 단락에서 눈에 띄는 낱말은 시험, 확률, 반박이다. 대체로 과학자는 앞 세대가 일구어낸 결과를 최종적인 정답은 아니라 보고 그럴 확률이 높은 것에 불과하다고 여겼으며, 새로운 결과가 나타나기 전까지만 잠정적으로 옳다고 보았을 뿐이다. 오호라! 어떤 가설이 정상과학의 자리에 있더라도 절대적 진리라 여기지 않고, 그것에 대해 끊임없이 반박을 하며 더 나은 결과가 무엇인지 포기하지 않는 정신이 있었기에 정상과학의 위기가 나타난 셈이다. 만약 이 정신이 없었더라면, 우리는 상대성 이론은 고사하고 여전히 뉴턴역학의 세계에 살고 있을지도 모른다.

셔머의 책에는 과학정신을 알려주는 또 다른 일화가 있다. 미국에서 창조론과 진화론이 법정논쟁을 벌일 적에 오버턴 판사는 전문가들의 도움을 받아 과학의 본질적 특징이 무엇인지 정리한 바 있다. 대략적인 내용을 정리하면 "(1) 과학은 자연법칙의 인도를 받는다. (2) 과학은 자연법칙을 기준으로 설명해야만 한다. (3) 과학은 경험세계에 비추어 시험가능하다. (4) 과학이 내린 결론들은 시험적이다. (5) 과학은 오류가능하다"였다. 과학은 확고부동한 진리체계가 아니다. 결론은 시험적일 뿐이며 얼마든지 오류가능하다. 그러기에 당당히 앞 세대의 성과에 딴죽을 걸고 새로운 이론을 펼쳤다.

흔히 '천재적이다, 창조적이다, 혁신적이다'라는 말은 과학분야와 잘 어울린다고 여긴다. 그런데 그 미사어구가 가능한 정신은 어디에서 비롯했는가? 앞 세대의 지적 성과를 바탕으로 하되, 그것을 절대시하지 않고 비판적 사고의 대상으로 삼아, 그 결과를 넘어서려는 데 있다.

이쯤에서 다시 한 번 강조해보자. 공부란 무엇인가? 창조적이고 창의적이며 혁신적인 그 무엇을 이루어내는 능력을 키우는 과정이다. 그 일련의 과정에서 가장 중요한 것은 무엇인지 과학은 정확히 말해주고 있다.

배우면 나와 세상을 이해하게 됩니다

모른다고 선언할 때
가능성이 열린다

유발 하라리의 《사피엔스》는 빅히스토리를 표방한 책이다. 역사를 다루면서 인간만을 주체로 내세우지 않고 인간과 우주 그리고 자연의 상호관계도 주목한다. 이 책은 인류사에 큰 영향을 끼친 3대 혁명으로 인지혁명, 농업혁명, 과학혁명을 꼽는다. 이 가운데 과학혁명 부분을 보면 또 한 번 신선한 지적 충격을 받게 된다. 하라리는 과학혁명의 첫번째 특징으로 이그노라무스를 내세운다. 우리는 모른다는 뜻. 놀라울 따름이다. 우주와 생명의 근원을 밝혀내고 이를 바탕으로 엄청난 기술발전을 이룩한 근대의 과학혁명이 모른다는 정신으로 가능했다고 하니까. 무지를 기꺼이 인정했기에 과학혁명이 일어났다는 말은 도대체 어떤 뜻일까?

하라리는 먼저 이그노라무스를 우리가 모든 것을 알지 못한다고 가정하는 것이라 한다. 그리고 우리가 안다고 생각한 것이 우리가 더 다양한 지식을 쌓으면 틀린 것으로 드러날 수도 있다고 여기는 정신이라 한다. 세 번째로는 어떤 개념이나 아이디어, 이론도 신성하지 않으며 도전을 벗어난 대상으로 여기지 않는다고 말한다. 그러고서 한마디했다.

현대과학은 무지를 기꺼이 받아들인 덕분에 기존의 어떤 전통지식보다 더 역동적이고 유연하며 탐구적이다. 덕분에 우리는 세계가 어떻게 작동하는지 이해하는 능력과 새로운 기술을 발명할 역량이 크게 확대되었다.

유발 하라리, 《사피엔스》, 김영사

과학정신은 주어진 학문적 성과를 절대시하지 않는다. 그것으로 다 안다고 하지 않고 여전히 알지 못하는 게 있다고 여긴다. 그리고 더 깊이 연구하려고 지적 탐구의 모험에 나선다. 하라리는 한발 더 나아가 인상 깊은 선언을 한다. "아메리카 대륙의 발견은 과학혁명의 기초가 되는 사건이었다." 아메리카 대륙에 살면서 나름의 문명사회를 일구어낸 토박이에게는 엄청난 역사적 불행이었던 사건이

배우면 나와 세상을 이해하게 됩니다

어떻게 과학혁명과 연관될까? 그는 말한다.

그것은 유럽인에게 과거의 전통보다 지금의 관찰 결과를 더 선호하라고 가르쳐주었다. 그뿐 아니라 아메리카를 정복하겠다는 욕망은 유럽인들로 하여금 새로운 지식을 맹렬한 속도로 찾아 나서게 만들었다. 방대한 새 영토를 통제하기를 원한다면 신대륙의 지리, 기후, 식물상, 동물상, 언어, 문화, 역사에 대해서 막대한 양의 새로운 정보를 수집해야 했다. 기독교 성경이나 옛 지리서, 고대 구비전통은 거의 도움이 되지 않았다. 이제 유럽의 지리학자뿐 아니라 거의 모든 학문분야에서 일하는 학자들은 채워넣을 공백이 있는 지도를 그리기 시작했다. 그들은 자신의 이론이 완전하지 않으며, 중요한 것들 가운데 아직도 모르는 것이 있다고 인정하기 시작했다.

유럽인이 아메리카 대륙에 갔을 적에 무엇에 당황했는지 알 만하다. 비교대상이 될 수 없는, 압도적으로 우월한 문명으로 신대륙을 지배하려 했지만, 숱한 저항에 부딪혔을 터다. 흔히 총과 대포면 모든 것을 정복할 수 있다고 여기지만 실상은 그렇지 않다는 것을 역사는 실증한다. 유럽인의 문명은 그들의 환경과 역사에서 비롯한 것이다. 새로운 땅에는 경험하지 못한 환경과 전혀 다른 역사가 새겨져 있다. 유럽에서 얻은 지식으로 아메리카를 분석해서는 적절한 대안을 찾을 수 없다. 당황했을 터다. 어떻게 해야 하나? 답을 찾았다. 자기 것을 버리고 지금 이곳을 정확하게 이해해야 한다고. 흔히 언어학, 문화인류학, 식물학, 동물학, 지리학을 제국의 학문이라 한다. 하라리가 말한 대목과 정확히 일치하지 않는가. 그 사회의 저류에 대한 철저한 이해 없이는 다른 사회를 지배할 수 없는 법이다. '모른다'라고 선언할 적에 비로소 가능성이 열린다. 과거의 것을 버리고 새로운 앎에 도전한다. 그것은 엄청난 지적 열기를 뿜어내게 마련이다. 결국 유럽은 아메리카 대륙을 지배한다. 당연히 토박이에겐 비극의 시작이긴 하지만 말이다. 하라리는 그 연장선에서 무지의 지가 갖고 있는 의미를 강조했다. 현대과학과 유럽제국주의 사이의 연대를 가능케 한 고리가 무엇인지 물었다. 그리고 다음처럼 답했다.

핵심요인은 식물을 찾는 식물학자와 식민지를 찾는 해군장교가 비슷한 사고방식을 가졌다는 데 있었다. 과학자와 정복자는 둘 다 무지를 인정하는 데서 출발했다. 이들은 "저밖에 무엇이 있는지 나는 모른다"고 말했다. 이들은 둘 다 밖으로 나가서 새로운 발견을 해야겠다는 강박을 느끼고 있었다. 그리고 그렇게 얻은 새로운 지식이 자신을 세계의 주인으로 만들어주기를 둘 다

배우면 나와 세상을 이해하게 됩니다

희망했다.

하라리의 책을 읽다보면 시계가 거꾸로 돌아 고대 그리스의 아
테네에 살았던 한 철학자가 떠오른다. 소크라테스. 그리고 그가 사
형선고를 받은 과정을 기록한 《소크라테스의 변명》. 이 책은 소크라
테스의 재판을 제자인 플라톤이 기록했는데, 플라톤의 주저인 《국
가》를 읽기 전에 반드시 보아야 할 책이기도 하다. 소크라테스는 아
뉘토소의 사주를 받은 멜레토스에게 고발당해 배심원에게 자신에
대한 오래된 오해와 정치적 모함을 해명한다. 그러다 "나에 대한 비
방이 어디서 생겨났는지" 밝힌다. 친구 카이레폰이 델피신전에 가서
물어보았다. 소크라테스보다 더 지혜로운 사람이 있느냐고. 그러자
신이 대답해주었단다. 소크라테스보다 더 지혜로운 사람은 없다고.
이 말을 전해 듣고 그는 당황했단다. 자신이 지혜롭지 않다는 것을
잘 알고 있는데, 신이 자신을 일러 가장 지혜롭다 했으니 말이다. 더
욱이 신탁이 거짓일 리는 없잖은가.

소크라테스는 고민을 거듭하다 신탁을 확인해보기로 했다. 지혜
롭다고 알려진 사람을 만나 대화를 나누어보기로 한 것이다. "여기
이 사람이 나보다 지혜로운데, 당신은 내가 그렇다고 말했지요"라는
심정으로. 결국에는 신을 논박하기 위해서였다. 먼저 정치인을 만
나 이것저것 물어보았다. 다음으로는 여러 시인을 만나보았다. 시인

이 가장 공들여 지은 시를 들고 가서 꼼꼼히 따져 물어보았다. 끝으로 수공 기술자를 찾아가 끈덕지게 물어보았다. 그런데 놀라운 일이 벌어졌다. 이들은 그 분야에서 제일 탁월하다고 자부하고 있었으나, 소크라테스의 질문을 받다보면 결국에는 답을 못하는 지경에 이르렀다. 예를 들면 시인은 자신이 가장 공을 들여 쓴 시를 놓고 대화를 했건만, 정작 그 시를 창작하게 된 동기나 방법, 심지어 그 시가 궁극에 말하고자 한 바를 모르고 있었다. 소크라테스의 말을 직접 들어보자.

신의 뜻을 캐물으러 다니는 동안, 제게는 가장 큰 명성을 얻은 이들이 사실은 가장 결점이 많은 것처럼 보였고, 분별이 있다는 점에서는 명성이 덜한 사람들이 더 나은 듯이 보였습니다. 이제 신탁이 의심할 여지없이 옳다는 사실을 보이기 위해 여러분께 엄청난 노력이 들어간 저의 방황을 개략적으로 말씀드려야겠지요. 정치가들과 헤어진 후, 저는 시인들, 비극 작가들과 디티람보스 작가 같은 사람들을 찾아갔습니다. 내가 그분들보다 더 무지하다는 사실이 그 자리에서 밝혀지리라 생각했기 때문입니다. 그래서 시인들이 가장 공들여 지은 시들을 골라내어 그들에게 그 뜻을 물어보았습니다. 그러면 그분들에게서 뭔가를 배울 수 있으리라 생각해서이지요.

배우면 나와 세상을 이해하게 됩니다

여러분들께 진실을 알려드리려니 부끄럽습니다. 그래도 말씀드려야겠지요. 사실, 그 자리에 있던 거의 모든 사람들은 정작 작자 자신들보다 그 시들에 대해 더 잘 말할 수 있었습니다. 그래서 저는 시인들이란 시를 지혜가 아니라 천성적으로 타고난 감각이나 영감으로 짓는다는 사실을 깨달았습니다. 마치 예언자나 신탁을 전하는 사제처럼 말이지요. 왜냐하면 그분들은 훌륭한 것들에 대해 많이 말하고 있지만 정작 자신들은 그것들에 대해 아무것도 모르고 있기 때문입니다.

분명 시인들도 정치가들과 똑같은 처지인 듯이 보였습니다. 그리고 저는 그분들이 자신의 시 때문에 다른 것들에서도 또한 자기들이 가장 현명하다고 여기고 있다는 사실도 알았습니다. 실제는 그렇지 않은데도 말입니다. 그래서 저는 그분들 곁을 떠났습니다. 제가 정치가들보다 낫다고 느꼈던 것과 똑같은 이유로 그들보다 우월하다고 생각하면서요.

안광복, 《소크라테스의 변명, 진리를 위해 죽다》, 사계절

많이 안다고 생각하는 사람을 붙잡고 계속 질문했더니, 결국에는 아는 게 없다는 게 드러났다. 소크라테스가 가장 현명했던 이유는, 다른 사람들은 자신이 다 알고 있다고 뻐기고 있었지만, 자신은 모른다는 것을 알고 있어서였다. 이것이 바로 그 유명한 무지의 지

라는 말이다. 모른다는 것을 아는 것을 인정하는 일이 가장 현명한 이의 태도이다. 다시, 소크라테스의 말을 들어보자.

그래서 저는 신탁을 대신해서 자신에게 물어보았습니다. 그분들의 지식을 갖고 있지는 않지만 그들만큼 어리석지도 않은 지금의 내가 나은지, 아니면 그네들처럼 지식은 있지만 어리석은 사태가 나은지를 말입니다. 그러자 저 자신과 신탁에 대해, 저는 지금 이대로의 내가 더 낫다는 대답을 얻었습니다. …(중략)… 신은 제 이름을 다만 하나의 보기로 삼았을 뿐입니다. 그는 "오, 인간들이여! 지혜에 비추어볼 때 자신이 아무것도 아님을 아는 사람이 가장 현명하다. 소크라테스가 그 예이다"라고 말하고 있는 듯합니다.

반성적이고 비판적인 질문이 없다면 내가 지금까지 믿거나 지지해왔던 앎은 완벽하다고 여기기 마련이다. 그러나 이런 앎의 체계에 질문을 던지기 시작하면, 부족한 부분이나 감안하지 않은 부분, 적절하지 않은 부분이 드러나게 마련이다. 이 정도에서 질문을 멈추지 않고 앎의 기본에 대해 지속해서 문제로 삼다보면 궁극에는 그 주춧돌마저 뿌리뽑기에 이른다. 그렇다면 다음에는 무슨 일이 벌어질까? 알고 있던 바가 참된 세계가 아니었다면, 우리는 다시 앎의 모험을

배우면 나와 세상을 이해하게 됩니다

떠나게 된다. 그 앞에 어떤 고난이 있을지라도 앎의 신대륙을 찾아 나서기 마련이다.

《소크라테스의 변명》을 읽어보면, 그는 벌금형을 받을 가능성이 컸다. 하지만, 자신의 철학자적 사명, 즉 뭇 사람이 알고 있다 여기는 것을 질문을 통해 사정없이 부숴버리는 것을 절대 포기할 수 없다고 강변하는 과정에서 배심원단의 분노를 사 사형선고를 받기에 이른 다. 기실 이 과정을 지켜보노라면, 크게 감동하기도 한다. 각별히 죽음이 두렵지 않은 다음 설명에 이르면, 진정한 인문정신, 그러니까 공부하는 목적의 진정한 가치가 무엇인지 깨닫게 된다.

하지만 무엇보다도 굉장한 것은 죽은 사람들한테 캐묻고 질문하며 시간을 보낼 수 있다는 점입니다. 누가 정말로 지혜롭고, 누구는 사실은 아니면서도 스스로 지혜롭다고 생각하는지에 대해서 말이지요. 재판관들이여! 그대들 중 누구는 트로이에 맞서 대군을 끌고 갔던 사람이나 오디세우스에게, 또는 시시포스, 또는 수많은 남녀에 대해 캐묻는 대가로 과연 얼마를 지불하려 할까요? 그네들과 함께 대화하고 시간을 보내며 캐묻는 것은 말할 수 없을 만큼 즐거운 일일 겁니다. 여하튼, 그곳에서는 이렇게 한다고 사람을 죽이지는 않을 터이니까요. 그밖에 다른 점에서도 그곳 사람들은 훨씬 행복하며 죽는 일도 없을 것입니다.

죽음이 두렵지 않은 것은, 지적·문학적 선배를 만나 살아서처럼 캐묻는 즐거움을 누릴 수 있어서란다. 등골이 서늘한 감동이 오지 않는가.

배우면 나와 세상을 이해하게 됩니다

참된 공부의 길은
질문에서 비롯한다

인류지성의 마르지 않는 샘물이라 할 고전도 기실 하나의 질문과 이에 따른 긴 대화와 논쟁의 결과물이라 할 수 있다. 플라톤의 대표작인 《국가》도 소크라테스가 "올바름이란 무엇인가"를 묻자 이에 "올바른 것이란 더 강한 자의 편익 이외에 다른 것이 아니"라고 트라시마코스가 답변하면서 벌어진 일대 논쟁의 결과물이다. 앞서 말한 막스 베버의 《프로테스탄트 윤리와 자본주의 정신》은 왜 가톨릭 신자의 자제는 인문계로 진학하고 청교도 자제는 실업계로 가는지 질문하고, 이를 답변하는 과정에서 얻은 놀라운 통찰을 담았다. 무릇 인류의 지성에서 질문은 당연하고 우월하고 지배하는 그 어떤 것들을 무너뜨리고 새로운 세계를 여는 근본적인 동력이었다.

　이 정신은 서양철학사를 관통했다. 비근한 예를 들어보자. 아리
스토텔레스가 플라톤의 수제자인 것은 누구나 다 아는 사실. 그런데
그의 주저 가운데 하나인 《정치학》의 목차를 보면, 제2장은 〈플라
톤의 국가에서의 극단적 통일성에 대한 비판〉이고, 제5장은 〈플라
톤의 국가에서의 재산공유제에 대한 비판〉이다. 제6장은 〈플라톤의
법률에 대한 비판〉이다. 또 다른 주저 《니코마코스 윤리학》의 제6장
은 좋음의 이데아 비판인데, 이런 대목이 나온다.

　　아마도 보편적 좋음을 검토하고 그것이 어떤 방식으로 이야기되
　　는지를 따져보는 것이 더 좋을 것이다. 물론 이러한 탐구는 이데
　　아들을 도입한 사람들이 우리의 벗들이기에 달갑지는 않은 것이
　　다. 그래도 진리를 구제하기 위해서는, 더구나 철학자로서는, 우
　　리와 아주 가까운 것들까지도 희생시키는 것이 더 나을 것 같아
　　보인다. 친구와 진리 둘 다 소중하지만, 진리를 더 존중하는 것이
　　경건하기 때문이다.

　　　　　　　　　　　　　아리스토텔레스, 《니코마코스 윤리학》, 이제이북스

　스승이나 친구보다 진리를 더 존중하는 자세, 그것을 일러 흔히
우리가 비판적 사고라 해온 것일 테다. 이런 사례는 숱하지만 낙양

의 지가를 올렸던 마이클 센델의《정의란 무엇인가》도 그 한 예다. 이 책은 기본적으로 벤담의《도덕과 입법의 원칙에 대한 서론》을 논의의 출발점으로 삼는다. 공리주의가 무엇인지, 그리고 이 관점이 파생하는 철학적 딜레마는 무엇인지 구체적인 사례를 중심으로 이야기한다.《공리주의》의 밀은 벤담의 논리를 강화해주는 측면에서 인용된다. 이에 대한 안티는 두 가지 경향이다. 하나는 자유지상주의이고, 다른 하나는 칸트와 롤스다. 칸트는《도덕형이상학의 정초》를 중심으로 공리주의가 낳은 소수자 차별문제에 대한 철학적 문제를 제기한다. 칸트의 관점을 더 정밀하고 웅숭깊게 발전시킨 이가《정의론》의 롤스. 두 철학자는 공리주의와 맞서면서도 자유지상주의와도 대결을 펼친다. 그렇다고 센델이 칸트와 롤스의 손을 들어주었냐면, 그렇지 않다. 센델은 공리주의와 공평주의, 그리고 자유지상주의를 넘어서 공동선의 가치를 추구하는 공동체주의를 설파했다. 그가 보기에 진정한 정의는 공동체주의에 있다는 말이다.

　정리해보자. 과학이든 철학이든, 동양이든 서양이든 새로운 인식의 지평은 질문하고 회의하고 논쟁하는 가운데 열렸다. 그것은 삶의 공동체가 겪고 있는 문제를 인문적으로 해결하려는 지적 고투의 과정이었고, 우주와 생명의 근본 원리를 파헤치려는 지적 열정의 과정이었다. 참된 공부의 길은 질문에서 비롯한다. 당연하다고 말하는 느낌표의 가치에, 과연 그런지 다른 관점에서 볼 수는 없는지 하는 물음표의 가치를 던질 때 결국에는 토론과 논쟁이 벌어지고, 그리고 마침내 자신만의 독창적이고 고유한 사유에 이르렀다. 그러니, 참된 공부는 임제선사의 추상같은 발언과 통하는 법이다. 부처를 만나면 부처를 죽이고, 조사祖師를 만나면 조사를 죽여라! 우리가 폐기한, 그리한지라 반드시 되찾아야할 공부의 정신이 바로 여기에 있지 않은가.

배우면 나와 세상을 이해하게 됩니다

5장.

이제,
의미의 소비자에서
의미의 생산자로

지능과
지성의 대결

인공지능 때문에 난리다. 알파고가 이세돌 9단을 이기면서 화제
가 되질 않나, 무인자동차가 곧 등장한다고 하질 않나, 급기야 일본
에서는 인공지능이 소설을 써냈다는 기사까지 나왔다. 더욱이 인공
지능이 빠른 속도로 발전하면서 기존의 숱한 일자리가 사라지게 될
거라는 전문가들의 공통된 의견이 여기저기서 터져 나온다. 이제 인
간은 인공지능과 벌이는 경쟁에서 필패하고 마는 걸까?

잘 알고 있듯, 근력의 경쟁에서 인간은 기계에 졌다. 삽질 한 번
과 포크레인이 한 번 움직이는 것을 비교해보면 쉽게 알 수 있다. 앞
으로는 그동안 우위를 차지했던 정신분야마저 인공지능이 앞설 것

배우면 나와 세상을 이해하게 됩니다

으로 보인다. 그 단적인 예는 사라질 직업집단을 보면 알 수 있다. 일반직에서는 콘크리트공, 도축원, 플라스틱 제품 조립원, 청원 경찰, 조세 행정 사무원, 택배원, 주유원, 육아 도우미 등이 인공지능으로 대체된다. 전문직에서는 손해사정사, 일반 의사, 관제사 등의 직업이 사라질 전망이다. 다행히 인공지능 때문에 모든 직업이 사라지지는 않는다고 한다. 화가, 조각가, 사진작가, 작가, 지휘자, 무용가, 배우, 디자이너, 대학교수, 초등학교 교사 등은 인공지능으로 대체하기 어려울 것으로 내다본다.

미래를 살아갈 사람 처지에서 보면 당연히 사라지지 않을 직업집단에 관심을 기울여야 한다. 그 직업 자체보다는 그런 직업이 보이는 공통점에 주목하고 이를 배우고 익히려 해야 마땅하다. 얼핏 보아도 알 수 있듯 감성에 기초해 자신을 표현하는 예술관련 직업이 대체불가능하다. 답은 인공지능이 더 빨리 더 정확히 찾아낸다. 이 걸로 경쟁해서는 도무지 이길 수 없다. 기존의 것을 의심하고 비판하고 새로운 관점을 제기하는 능력이야말로 인공지능이 따라오기 힘든 영역이다. 이유가 있다.

인공지능은 데이터에 기반하기 때문에 데이터를 바탕으로 확장하는 사고를 주로 하지요. 인공지능은 민주적으로 데이터에 의존합니다. 많은 데이터가 하는 얘기가 옳다고 믿습니다. 데이터

자체가 잘못됐다고 생각하거나, 데이터에 반대하는 의견을 내거나, 데이터가 없는 영역을 찾아 데이터를 스스로 만드는 능력은 아직 부족합니다. 역으로 그것이 인간 창의성의 핵심이고요. 우리는 데이터가 성차별적이거나 인종차별적이면 바로 알아채고 문제를 제기할 수 있지만, 인공지능은 그런 판단의 주체가 되지 못합니다. 스스로 생각하는 의식이, 감정이나 욕구를 통해 판단 기준을 만드는 능력이 없습니다.

정재승, 《열두 발자국》, 어크로스

데이터를 바탕으로 이를 입력해 주어진 과제를 빠른 속도로 해결하는 것이 인공지능의 특징이다. 그렇다면 우리는 무엇을 준비해야 하는가. 정재승 교수는 "하나는 인공지능을 제대로 이해해서 필요한 곳에 잘 사용할 수 있는 인간이 되자는 것이고, 다른 하나는 인공지능이 못하는 것이 무엇인지, 그리고 우리가 더 잘하는 게 무엇인지를 파악해서 인간의 존재가치를 높이자는 것입니다"라고 말했다. 그렇다면 목표가 뚜렷해진다. 인공지능에 맞설 인간 지성의 특징을 찾아내고, 이를 키우는 공부에 매진하면 된다. 다시 정재승 교수가 한 말을 들어보자.

인공지능의 핵심이 데이터를 통해 스스로 인식을 확장하는 능력

배우면 나와 세상을 이해하게 됩니다

이라면, 인간 지성의 본질은 데이터를 비판적으로 받아들이면서 가치전복적 아이디어를 스스로 만들어내는 능력이다. 자신만의 관점에서 세상을 새롭게 구성하고 이해하는 일, 개인적 경험 안에 인식의 틀을 가두지 않고, 데이터에만 매달리지 않는 비판적 사고가 인간 지성의 중요한 토대다.

역설적이게도 대한민국은 지난 수십 년 동안 인간의 뇌를 인공지능처럼 대해왔다. 앞으로는 다음 세대에게 정답을 실수 없이 빨리 찾는 능력보다는 질문을 던지는 능력, 데이터와 지식을 비판적으로 받아들이는 능력, 자신만의 관점과 세계관을 세우려는 능력을 가르쳐야 한다. 아니, 그런 사고를 할 수 있는 기회를 제공하고 그런 사유법을 독려해야 한다.

'인간 지성이 인공지능보다 뛰어난 까닭은', 《한겨레》 2016년 9월 16일자

알고 보면, 사전에 이미 답이 있다. 지능은 "계산이나 문장 따위의 지적 작업에서, 성취 정도에 따라 정해지는 적응 능력"을 이른다. 이에 비해 지성은 "지각된 것을 정리하고 통일하며, 이것을 바탕으로 새로운 인식을 낳게 하는 정신 작용"이라 풀이한다. 지능을 향상시키려 말고, 지성을 극대화하는 길에 희망이 있는 법이다.

다르게 살고 싶다면
책을 집어라

인간 지성의 고갱이는 비판적 사고다. 오해하지 말자. 비판이라는 말의 사전적 정의, 그러니까 잘못된 점을 지적함에 국한한 것이 아니니까. 서양언어의 비판은 기본적으로 분석과 이해, 그리고 비판을 아우른다. 앞에서 공자의 학습법을 알아보면서 말했던 학(學)과 문(問)의 정신을 합친 것이라 보면 된다. 그렇다면 먼저, 학은 어떻게 이루어지는가. 만고의 진리이지 않은가. 읽어야 한다. 다양한 지식을 얻기 위한 가장 적절한 수단으로 책만한 것이 없다. 최근에 다른 매체들이 이를 대체하거나 보완하는 경향이 강해지고 있지만, 책만의 고유한 위상은 절대 몰락하지 않을 터다. 고미숙은 아예 호모 쿵푸

배우면 나와 세상을 이해하게 됩니다

스는 호모 부커스라 말했다.

우리 시대에 공부란 책을 읽는 것이고, 책 중에서도 고전과 접속하는 것이다. 독서는 결코 선택이나 취미가 아니라 필수며, 특히 고전 읽기를 하지 않는다면 그 공부는 말짱 도루묵이다. 그러므로 뭔가 다르게 살고 싶다면, 가장 먼저 자신이 '호모 부커스'(책 읽는 존재)임을 환기해야 하리라.

고미숙, 《공부의 달인, 호모 쿵푸스》, 북드라망

책은 기본적으로 지배적인 사유에 대해 반기를 든 내용을 담는다. 자본이 세상을 포획한 이후로 온통 감탄사뿐이다. 신제품이 나오면 진보적 성향의 신문기사도 감탄 일변도다. 그러다 그 그룹에 대한 비판이 나오면 산술평균적으로, 다루어주는 척한다. 이제는 누구나 다 아는 이야기지만 광고주에 대한 비판은 곧바로 수익성 악화로 나타난다. 질문을 던지고 있으나, 던지는 척한다는 혐의를 받을 수밖에 없는 실정이다. 하나, 책은 다르다. 책은 일종의 독립언론이다. 잡지는 광고를 싣지만 단행본에는 그런 것이 없다. 그 자체로 독자의 선택을 받아 경제성을 이루겠다는 의지의 표현이다. 신문으로 치자면 오로지 구독료만으로 운영하는 셈이다. 그러니 책은 압도적이고 지배적이고 폭력적으로 답이라고 강변하는 것에 왜 그런지, 정말 그런지, 또 다른 것은 있을 수 없는지 등속을 질문하고 대안을 던진다. 더불어 책은 논증적 구조를 통해 새로운 지식을 공부하는 데 가장 좋은 길라잡이 역할을 한다. 문학이라면 감성과 상상의 구조를 통해 익숙한 것을 다르게 보는 길을 열어준다. 영상이나 디지털 매체로 교양과 지식을 쌓는 것보다 책으로 접하는 것이 훨씬 효과적인 이유다. 고미숙도 같은 생각인 모양이다.

즉, 독서는 단지 지적 능력의 보완이나 정보습득의 차원이 아니라 우리 시대를 지배하고 있는 시각의 군림, 감각의 폭주를 거스를 수 있는 유일한 입구가 된 것이다. 단적으로 말해, 책을 읽는다는 건 그 자체로 이미 반문화 곧 카운터컬처에 해당한다. 삶과 문화에 대한 전복적 사유가 없이는 불가능한 일이 되었기 때문이다.

그럼, 책읽기가 학이 되는 일례를 들어보자. 제러미 벤담의 《파놉티콘》을 읽었다. 푸코의 《감시와 처벌》에서 중요하게 다룬 책이다. 언젠가 읽어야지 했는데 마침 기회가 왔다. 이 책의 핵심은 책 앞부분에 몰려있다.

여러분에게 제안하는 감옥은 원형건물이다. 어쩌면 이것은 한

배우면 나와 세상을 이해하게 됩니다

건물 안에 다른 하나를 넣은 두 채의 건물이라고 말하는 것이 나을지도 모르겠다. 감옥 둘레에는 둥근 모양의 6층짜리 바깥 건물이 있다. 이곳에 죄수들의 수용실이 배치된다. 수용실 내부는 두껍지 않은 쇠창살로 되어 있어 한눈에 안을 볼 수 있으며, 수용실은 문이 안쪽으로 열린다. 각 층에는 좁은 복도가 있으며, 이 복도는 하나로 통해 있다. 각 수용실의 문은 이 복도로 나 있다. 중앙에는 탑이 하나 있다. 그곳에 감독관들이 머문다. 이 탑은 3층으로 나뉘어 있다. 각 층은 수감자 수용실들을 2층씩 내려다보도록 구성되어 있다. 또한 감시탑은 바깥을 훤히 내다볼 수 있는 발로 가려진 복도로 둘러싸여 있다. 이 장치로 인해 감독관들은 수감자들에게 잘 보이지 않으면서 수용실 전체를 구석구석 감시할 수 있다. 결과적으로 좁은 공간에서 3분의 1의 수감자를 한눈에 볼 수 있어 쉽게 전체를 살필 수 있다. 이러한 경우 감독관이 자리에 없더라도 이를 확인할 수 없는 수감자들은 감독관이 있다고 여겨 실제로 자리에 있는 것 같은 효과를 낸다.

제러미 벤담, 《파놉티콘》, 책세상

이 구절을 읽으면서 머리를 끄덕거리게 된다. 푸코가 말한 원형 감시체제가 완벽하게 묘사되어 있기 때문이다. 파놉티콘은 기본적으로 유용성과 효율성을 염두에 둔 공리주의적 관점에 잘 맞는다.

책을 읽어나가보면 수감자들을 노동하게 하고 그 수익으로 감옥을 운영해야 한다고 나온다. 여기에 원형감시는 이성의 힘으로 새로운 유형의 사람을 창조해내겠다는 강한 의지가 담겨 있다. 이런 해석은 권력에 대한 통념을 깬다. 흔히 권력은 소유하고 억압하는 것이라 여겨왔다. 그러나 원형감시체제는 권력이 작용하고 생산하는 것임을 확인한다.

이를 들뢰즈의 어법에 비추어 다시 말하면 권력은 감옥-기계를 통해 근대적 인간을 생산한다고 할 수 있다. 근대정신을 내재화하지 못한 인물을 감옥, 간수, 통제시스템 등으로 이루어진 감옥-기계에 투입해 변형과정을 거쳐 근대적 인물로 만들어낸다. 규율의 내면화가 뿌리내린다는 말이다. 이 시스템은 감옥만이 아니라 병원, 군대, 학교 등속에도 적용되는 바, 이것이 상징하는 바가 무엇인지 명확해진다.

그런데 책읽기는 여기서 끝나지 않는다. 느낌표의 시간이 끝나고 물음표의 시간이 솟구친다. 공자학당 식으로 표현하면 문의 시간이 오는 셈이다. 그렇다면 다시 물어야 한다. 책읽기의 진정한 가치는 어디에 있을까. 우리가 책을 읽는 것은 질문을 던지기 위해서다. 세상은 오로지 감탄사로만 장식되어 있다. 짬이 나 세상 돌아가는 이야기를 알아보려고 텔레비전을 켜면 그야말로 가관이다. 종편까지 합세한지라 채널이 많아 더 그런 면도 있겠지만, 어디를 돌려도

배우면 나와 세상을 이해하게 됩니다

아하!라는 감탄사만 나온다. 고작 시사프로그램에 이르러서야 질문의 형식이 보인다. 정부가 이렇게 발표했는데, 과연 그러냐 하는 식으로 말이다. 앞에서 보았듯이 질문은 전복적 가치가 있다. 학이 끝나면 문이 이루어져야 하는 이유다. 벤담의 책을 읽으면 질문이 떠오른다.

먼저 오늘날에도 원형감시체제가 유지되고 있는가? 하는 질문. 알다시피 지금은 중앙에 탑을 세워 사람을 감독-훈육하지 않는다. 중앙의 탑은 권력의 핵심을 상징하는바, 지금은 오히려 권력 핵심이 어디 있는지 모른다. 비근한 예가 1970년대 반전운동가들이 미 국무부를 점거하려 했는데, 국무장관실로 상징되는 권력의 핵심이 어디 있는지 몰라 실패했다고 하지 않는가. 잘 알겠지만, 미 국무부는 오각형 건물이고, 가운데는 텅 비어 있다.

벤담은 모던한 감시체제를 말했다. 그렇다면 포스트모던한 감시체제는 아마도 조지 오웰적 특징을 보일 터다. 도심에서 일어난 테러 용의자를 추적하는 방식을 떠올리면 된다. 곳곳에 분산 설치된 CCTV를 편집해 찾아내지 않던가. 또하나의 질문을 던질 수 있다. 디지털 혁명은 쌍방향성을 뜻한다. 그동안에는 권력과 금력을 장악한 집단이 일방적으로 감시할 수 있었지만, 지금은 시민이 권력을 감시할 수 있지 않은가 하고 말이다. 이것이 가능하다면 권력의 감시와 처벌 체계를 금가게 할 수 있을지 모른다. 그리고 또하나의 질문을 던질 수 있다. 그럼에도 감시를 통해 규율의 내면화를 강제하는 시스템은 변한 것이 없지 않은가? 라고. 그렇다면 매우 허망해지고 만다. 벤담식 감시에 저항해 세상을 바꾸었으나 오웰적 감시에 포획당해 있으니 우리는 지금 이곳에서 또다른 꿈을 꾸는 것이 불가능해지고 말았다.

어찌 그렇겠는가. 마지막 질문은 새로운 책을 읽게 한다. 분석하는 책만 읽지 않고 바꾸려는 열망으로 가득찬 책을 읽게 한다. 그러니, 책읽기를 비유하여 말하자면 여행이 끝나니 새 길이 열리는 상황이 반복되는 셈이다. 인공지능 시대에 인간은 어떻게 살아가야 하는가를 고민하는 뇌과학자 김대식 교수도 같은 뜻의 말을 한다.

책의 역할에 대해 잘못 생각하는 분들이 많다. 책은 정보 전달을 위해서만 있는 게 아니다. 정보를 찾으려면 인터넷을 보는 게 가장 빠르다. 책의 큰 장점 중 하나는 나만의 질문을 찾을 수 있는 길을 뚫어준다는 점이다. 정말 제대로 살고 싶으면 남들이 던지지 않은 질문을 던져야 한다. 망하더라도 남들이 가지 않은 길을 가야 하는데, 이때 책이 길잡이 역할을 한다. 인터넷은 어떠한 정보의 정답일 뿐이지 가이드가 아니다. 우리가 평생 부모, 친구의 손을 잡을 수는 없지 않나. 지적인 길은 혼자서 가야 한다.

《채널예스》 2016년 6월 1일자 인터뷰

누가
읽는가?

읽기는 비유하자면 장대높이 뛰기 선수가 들고 뛰는 장대다. 개인으로는 절대 넘을 수 없는 그 어떤 높이를, 장대를 들고 뛰면 훌쩍 뛰어넘을 수 있다. 그런데, 장대를 품에 안고 바를 넘어서는 선수는 없다. 책은 수단이다. 나를 번쩍 들어 올려주는 역할을 하면 된다. 그 다음은 인식의 지평을 확장하는 데 있다. 그러면 여기서 그쳐도 되는가? 다음의 정재승 교수 글을 읽고 고민해보자.

세상에 나온 기존 논문들을 금과옥조라 믿고 모두 받아들이기만 한다면 좋은 연구를 하기 어렵다. 그것을 의심하고 회의하며 비판적으로 바라보는 사고가 무엇보다 중요하다. 권위에 눌리지 않고 합리적으로 의심하며, 기존의 상식을 뒤엎는 대담한 가설을 세우고 이를 증명할 창의적인 실험에 몰두하는 일. 그것이 뛰어난 과학자들의 머릿속에서 벌어지는 생각법이다.

인공지능의 핵심이 데이터를 통해 스스로 인식을 확장하는 능력이라면, 인간 지성의 본질은 데이터를 비판적으로 받아들이면서 가치전복적 아이디어를 스스로 만들어내는 능력이다. 자신만의 관점에서 세상을 새롭게 구성하고 이해하는 일,…(중략)…인간 지성의 중요한 토대다.

《한겨레》 2016년 9월 11일자

공부의 핵심이 학과 문에 있다는 말이나, 비판적 사고력을 키우는 공부를 해야 한다는 말은 자칫 오해의 소지가 있다. 학과 문만 하면 되고, 비판능력을 향상하기만 하면 된다는 식으로 말이다. 아니다. 그것이 중요한 것은 그 과정을 거쳐야 비로소 이르는 곳이 있기 때문에 힘주어 강조해온 바다. 그럼, 궁극에 이르러야 할 자리는 어디인가? 당연히 독자적인 창조, 혁신, 창작의 자리다. 말하자면 직업 끝 글자가 가(家)가 되는 사람이 되어야 한다는 뜻이다. 이를 정재승 교수는 "가치전복적 아이디어를 스스로 만들어내는 능력"이라 표현했다. 학과 문을 하고 비판적 사고 능력을 키우는 것은 오로지 이 목

배우면 나와 세상을 이해하게 됩니다

적을 이루기 위해서다. 의미의 수용자에서 의미의 생산자로, 그 놀라운 메타모르포시스를 가능케 하는 것이 공부다. 엄기호도 생각을 같이한다.

아는 것만으로는 자유로울 수 없다. 아는 것을 다룰 수 있게 될 때 사람은 자유로워진다. 동서고금을 막론하고 공부에서 익힘을 강조하는 이유다. 배움에 이어 익힘이 있지 않으면 사람은 절대 자유로워지지 않는다. 공자가 말했듯이, 배우고 때때로 익힐 때만이 배운 것을 내가 다룰 수 있는 것으로 만들 수 있다.

내가 뭔가를 다룰 수 있을 때 비로소 나는 자유로워진다. 또한 지금까지 없던 새로운 양식을 만들어낼 수 있다. 창조가 시작되는 것이다. 창조의 기쁨. 이것이 자유가 제공하는 가장 큰 기쁨이다. 누군가 왜 공부를 해야 하는지 묻는다면 답은 간단하다. 기쁘기 위해서다. 슬프기 위해 공부하는 이는 없다. 공부하는 자만이 법칙을 알 수 있고 법칙을 아는 자만이 그것을 활용해 새로운 것을 탄생시킬 수 있다.

엄기호,《공부 공부》, 따비

정말 이같은 엄청난 비약이 가능할까? 가능하다. 반복하거니와, 학문에서, 그리고 비판적 사고가 그것을 가능케 한다. 그렇다면 의미의 생산자가 되는 방법을 다른 차원에서 고민해보자.

정관용(시사평론가) 지금 그 얘기는 그런 영상을 소비하는 사람들뿐 아니라 그런 영상을 제작해서 만들어내는 1인 미디어를 꿈꾸는 모든 사람들의 인식에도 변화가 생기고 있다?

대도서관(유튜브 크리에이터) 그리고 그렇게 좀 더 변화가 생길 수 있도록 저희가 교육을 해야 하는 것이 아닌가, 정보를 줘야 하는 것이 아니냐는 거고요. 또 플랫폼사들도 마찬가지로 유튜브처럼 반드시 교수님 말씀처럼 조회수에 따라 돈을 주고 이러면 이런 안 좋은 현상들이 일어날 수밖에 없는 거죠. 보통 플랫폼들이 그렇게 멸망해 가는 경우가 굉장히 많거든요.

이택광(경희대 교수) 그런 것들은 말씀하신 것처럼 결국은 망하게 됩니다. 그게 문제고. 그리고 저는 이게 또 막연하게 그냥 시장의 논리에만 맡겨둘 수 없는 측면이 있다고 봐요.

왜냐하면 금방 말씀하신 것처럼 유튜브 같은 경우도 기본적으로 구글이랑 다른 어떤 회사들이 가지고 있는, 유튜브 운영진들이 가지고 있는 철학이나 정책들이 반영되어 있는 거거든요. 그런 식으로 디자인을 할 필요가 있는 거죠, 앞으로는.

정관용 그러니까 10대들, 그저 휴대전화 들고 유튜브 영상만 보고 있다라고 걱정할 일만은 아니다 이겁니까?

배우면 나와 세상을 이해하게 됩니다

이택광 저는 거기서 조금 더 수준 높은 전문적인 지식을 요구한다면 도서관으로 갈 거라고 봐요, 많은 분들이.

대도서관 맞습니다. 그게 굉장히 중요한 포인트를 말씀하셨어요.

정관용 그게 궁금해지니까 찾아가더라.

이택광 그렇죠. 책을 읽으면 그 저자의 강연이 유튜브에 있잖아요. 같이 볼 수 있는 거잖아요.

대도서관 맞습니다. 그리고 또 1인 미디어가 재미있는 게 보다가 자기가 시청자에서 제작자로 변신하는 경우가 굉장히 많아요.

정관용 그렇겠네요.

대도서관 나도 할 수 있겠구나. 그러면 제작자로 변신하는 과정에서 뭐가 필요하냐면 정말 많은 정보와 지식이 필요해요. 오히려 공부를 하게 돼요. 되게 놀랍거든요. 그러면서 정말 도서관에 가서 책을 읽고. 저도 집에 가면 책이 굉장히 많거든요. 그런 정보들을 계속 얻고 싶어서 다양한 책들을 좀 더 많이 보게 되는 효과도 있는 것 같아요.

정관용 하긴. 그 1인 방송을 매일매일 합니까?

대도서관 네, 저는 거의 매일 합니다.

정관용 하루에 몇 분짜리를 합니까?

대도서관 하루에 생방송을 3~4시간씩 매일 한다고 생각하시면 됩니다. 그리고 혼자 진행하기 때문에 굉장히 중요한 포인트가 오디오가 비면 안 되거든요. 계속 끊임없이 얘기해야 하기 때문에 자기의 지식만 가지고 얘기를 하면 한계가 있어요. 그렇기 때문에 거기서 소통이 나오는 건데요.

정관용 무언가 또 봐야죠.

대도서관 채팅방에서 구독자들과 대화를 하고 제가 가진 여러 가지 지식들, 깊지는 않지만 넓게 갖고 있는 지식들을 가지고 소재로 얘기하면 재미있죠.

CBS 〈시사자키 정관용입니다〉 2018년 4월 10일자 방송

<u>스스로 하는 공부로 책읽기만한 것이 없다.</u> 그럼에도 읽는 무리는 현격히 줄어들고 있다. 이유는 여럿 있을 테다. 인터넷 환경에 기반한 매체의 장악력, 여전한 입시 위주의 교육, 치열한 경쟁사회에서 살아남으려는 생존전략, 저녁이 없는 일상 등등. 그래서 우리는 오랫동안 읽으라고 채근했다. 잘못된 공부방법을 교정하려는 열정이 낳은 산물이다. 하지만 결과적으로는 실패했다. 뜻은 좋으나 방법이 잘못되었는지도 모른다. 그런 점에서 위의 대담 내용은 많은 것을 시사한다. 보라, 놀랍게도 읽는 무리가 있나니! 그들이 누군가? 읽으라고 억지로 끌어온 무리가 아니라, 그것이 무엇이든 창조하는 무리가 스스로 알아서 읽고 있다. 그동안 우리는 읽기의 중요성과 가치를 들어 읽으라고 했다. 안되면 이런저런 당의정을 발라 유혹해

배우면 나와 세상을 이해하게 됩니다

서라도 읽게 하려고 했다. 그때는 그것이 효과가 있었을지 모른다. 문제는 현재다. 안 읽잖는가. 누가 이 말을 부정하겠는가? 그렇다면 누가 읽는지 다시 차분히 따져보자.

부모가 책 읽으면 그 집 자녀도 책을 읽을 가능성 크다. 학교에서 독서교육에 열정적인 교사가 있다면 분명히 책 읽는 아이들이 튀어나올 테다. 그리고 아프고 힘들고 지쳐서 책으로 위로받으려는 성인이 있을 것이고. 이 무리는 전통적인 독서운동이 겨냥했던 이들이다. 이 무리가 줄고 있는 현실이다. 그렇다면 운동 차원에서 접근하지 않았는데도 알아서 읽는 무리의 특징을 찾아내야 한다. 답은 이미 나와 있지 않은가. 그것이 무엇이었든 창조하는 무리는 읽는다는 것이다. 유튜브를 즐기기만 하다 제작자가 되었을 적에 가장 중요한 것이 앎의 영역이고 이 부분을 충족하려고 책을 읽으러 도서관에 간다 하지 않는가.

의미의
창조자가 되는 길

발상의 전환이 필요하다. 읽기 위해 읽으려 하지 말고, 창조하려고 읽자는 말이다. 그것이 무엇이든 창조 또는 창작의 영역에 발 딛는 자는 읽게 마련이다. 뭇 작가의 공통된 진화과정을 보아라. 그들은 읽는 자였고, 쓰는 자이기에 여전히 읽고 있다. 스스로 알아서 읽는 이들까지 간섭할 필요는 없다. 너무 에돌았다. 대답은 단순하다. 읽으려고 읽지 말고 쓰려고 읽자, 로 관점을 바꾸자는 것이다. 자신을 의미의 소비자로 제한하지 말고, 의미의 창조자로 전환하자. 읽는 이 따로, 쓰는 이 따로 있는 게 아니라, 읽는 이가 쓰는 이가 되고, 쓰는 이가 읽는 이가 되는 선순환의 구조를 마련하자는 말이다. 물론 창조의 영역은 다양하다. 그림으로, 영상으로, 몸짓으로 창조성을 발현한다. 그런데 서로 다른 창조영역에 공통된 것은 글쓰기다. 그림을 그리는 이도, 음악을 하는 이도, 영화를 찍는 이도 글쓰기를 통해 자신의 예술세계를 대중과 소통하고자 한다. 그러니 창조성의 대표성과 공통성은 쓰기에 있다 하겠다. 나는 일찌감치 《책읽기부터 시작하는 글쓰기 수업》에서 "그 어떤 희열이 창조적 행위를 능동적으로 했을 때보다 더 큰 것은 없는 법입니다. 바로 이 점을 주목하자는 겁니다. '읽자'를 강조하기보다 '쓰자'를 강조해보자는 거죠. 수동보다는 능동을, 수용보다는 창조에 방점을 찍자는 말입니다"라고 한 바 있는데, 고미숙도 공부의 최종심급은 글쓰기라 강조했다.

모든 공부가 귀환하는 최종심급, 그것은 바로 글쓰기다. 독서가 힘들다지만, 글쓰기는 그것과 또 차원이 다르다. 심할 경우, 산고에 비유될만큼 힘들고 고통스럽다. 물론 그 열매는 달다. 산모가 갓난아기를 품에 안을 때처럼, 그러므로 지식인에게 있어 글이란 자신의 신체 혹은 삶의 특이성이 가장 적나라하게 드러나는 표현형식이다.

쓰려고 읽는다는 말은 읽으면 써야 한다는 뜻이다. 이거 복잡하게 생각하지 마라. 쓰려고 읽는 운동의 첫걸음은 독후감 쓰기다. 눈치 챘겠지만, 우리에게 던져진 대안은 그야말로 오래된 미래다. 그런데 돌아볼 문제가 있다. 독후감은 학교에서 망쳐놓았다. 현장에서 독서지도를 할 수 없으니, 교사가 이런저런 책 가운데 골라 학생 보고 써오라 하고 점수를 주거나 상을 주었다. 그러다보니 독후감의 목적은 책을 읽었는지를 확인하는 데 치중했다. 누구나 천편일률적으로 줄거리 요약으로 독후감을 쓴 데는 다 이유가 있다. 이제 여기서 벗어나자. 독후감은 말 그대로 읽고 나서 느낀 그 무엇, 그러니까 감동, 감사, 감정, 감격, 감흥 따위를 중심으로 쓰면 된다. 이런 독후감은 절로 써지나? 아니다. 한권의 책에 자신의 삶을 오롯이 투영했을 때 비로소 얻어질 수 있다. 그러니, 이런 글쓰기는 자신의 삶을 되돌아보고 회한을 다독이며 깊은 상처를 어루만지게 해줄 테다. 치유적 글쓰기의 가능성마저 열린다는 말이다. 고작 독후감으로 말이다. 내가 쓴 독후감을 예로 들어보자.

젊은 날에는 숭고한 것에 대한 열망이 있었다. 압도적 자연을 보며 느끼는 전율로서 숭고가 아니라 그 결과가 비극임을 알면서도 투신하는, 그러니까 신념에 바탕을 둔 비극적 행위에 대한 동경이 있었다는 말이다. 그런데 어느 날 보니 문득, 다른 것에 은근히 동의하는 나를 발견했다. 그것을 일러 초탈이라고 할까 하다, 그러기에는 너무 현실도피적인 듯싶어 다른 말을 찾았다.

배우면 나와 세상을 이해하게 됩니다

그러다 위화가 쓴 《인생》을 읽으며 걸맞은 용어를 찾아냈다. 고상함. 위화가 말한 고상함은 '품위나 몸가짐이 속되지 아니하고 훌륭하다'는 사전식 뜻풀이와 다르면서도 같다. 먼저 다름은 위화가 말한 고상함이 '일체의 사물을 이해한 뒤에 오는 초연함, 선과 악을 차별하지 않는 마음, 그리고 동정의 눈으로 세상을 대하는 태도'나 '고통을 감내하는 능력과 세상에 대한 낙관적인 태도'를 뜻하기 때문이다. 같음은 '이런 마음으로 사는 이는 결코 속되지 않고 훌륭하기 마련'이기 때문이다.

숭고는 역사를 만드는 삶이다. 낡고 타락하고 오염된 것을 부수는 행위다. 그 도전이 어찌 성공하겠는가. 가치 있고 의미 있으니 덤벼든다. 그렇게 살아야하거늘 살지 못하니 동경했을 터다. 고상함은 역사가 만든 삶일 터이다. 휘몰아치고 할퀴고 내동댕이치고 난 다음의 모습이다. 이런 삶을 살고 싶지 않은 때가 분명히 있었다. 그러나 되돌아보니, 내가 그 삶의 한복판에 서 있다. 새롭게 세우는 삶이 아니라, 그 무엇에 휘둘리다 겨우 벗어나고 있는 삶 말이다.

처음에는 타협이고 변절이고 순응인 줄로만 알았다. 애써 부정하고 멀리하고 싶었다. 그런데 부끄럽게만 여길 것이 아니라는 점을 위화가 일러주었다. 어디에 가치를 두고 살아왔든, 결국 우리가 놓일 자리는 고상함의 자리다. 소설을 읽으며 내내 고민했다. 이 자리에 서는 것은 쉬운 일일까? 아니다. 그럴 리가 없다. 부끄럽고 남우세스럽다면 고상함이라 이를 수 없다. 젊은 날 숭고에 집착했다면, 이제는 고상함의 자리에 이르려 애써야한다.

'인생'의 주인공 푸구이를 보자. 부잣집 아들로 태어나 개망나니처럼 살다가 도박으로 재산을 탕진하고 소작농으로 전락했다. 분을 못이긴 아버지는 초가집으로 이사한 날 돌아가셨다. 어머니의 병이 위중해져 의원을 부르러 갔다 어처구니없게 국민당의 군인으로 끌려갔다. 천신만고 끝에 2년 만에 돌아왔건만 딸은 귀가 먹었다. 마음먹고 사는데 아들이 헌혈하다 죽고 만다. 사랑하는 사람을 만나 행복하게 살던 딸은 출산 후유증으로 죽는다.

아들과 딸이 같은 병원, 같은 병실에서 죽었다. 이 무슨 기묘한 우연의 일치란 말인가. 이번에는 산전수전 다 겪으며 푸구이를 지켜주었던 아내가 유명을 달리한다. 남은 것은 사위와 손자뿐. 그러나 운명의 손은 가혹했다. 사위가 사고를 당했다. 이미 죽었지만, 그 병원에 보내면 안 된다고 난리쳤다. 그러나 사위의 주검은 그 병실에 놓여있었다. 먹을거리가 너무 없었다. 열병 앓는 손자에게 콩을 쑤어주고 일하러 나갔더니, 그새 콩을 너무 많이 먹어 죽고 말았다.

불운하고 불행하기만 하지는 않았다. 땅을 잃었기에 혁명기에 목숨을 건사했다. 권력이 없었기에 문화혁명 때 치도곤을 당하지 않았다. 가족을 먹여 살리느라 애면글면했을 뿐이다. 그런데 남아있는 것은 손바닥만한 밭뙈기와 늙은 소. 원망과 저주만 남아있어야 한다. 그러나 푸구이에게 그런건 없다. 뭇 식구를 앞세웠기에 서럽고 원통했다. 그러나 그 소중한 이들을 자신이 묻었기에 안심이 된다.

역사를 거슬러서, 또는 잘 올라타서 성공하고 성취하는 삶을 살고 싶은

　　　　　　　배우면 나와 세상을 이해하게 됩니다

게 인지상정이다. 그러나 개인이 그 도도한 역사의 물결에 맞설 수 없다. 당연히 맞서고 거스르고 잘 타는 숭고한 이들이야 있지만, 대다수는 휩쓸린다. 숭고하지 않은 삶은 그렇다면 의미 없을까? 아니다. 고상함의 자리에 가면 된다. 지난 삶을 해학과 풍자로 회고하며 남은 삶을 넉넉하게 살아가면 된다. 푸구이가 그랬다.

대선이 끝났다. 숭고한 시민의식이 낳은 역사적 결과다. 세상은 여전히 숭고함의 가치를 요구하고, 이 힘에 기대어 발전한다. 그런데 나는 이제 고상함의 자리로 자꾸 가고 싶다. 너무 빨리 늙어버렸거나, 그 만큼 내 삶이 신산했다는 뜻일 테다.

나는 《인생》을 읽으면서 위화가 루쉰의 《아Q정전》을 염두에 두고 이 소설을 썼다는 강한 인상을 받았다. 루쉰은 근대화에 실패하고 반식민지로 전락한 중국역사의 근원을 아큐에서 찾았다. 무지하고 무능하고 기회주의적인 아큐야말로 근대중국의 초상이었다. 이런 아큐를 계몽할 적만이 질곡의 역사에서 빠져나올 수 있다 보았다. 《인생》의 푸구이는 아큐와 여러모로 닮았다. 그러나 그를 바라보는 위화의 시선은 상당히 따뜻하다. 그 삶이 마침내 이른 달관성을 엿보이게 한다. 왜 그럴까? 오늘의 중국현대사를 관통하며 상처 투성이가 된 뭇 아큐에게 위화는 비난과 질책보다는 격려와 위안을 건네주고 싶었는지 모른다. 처음에는 이 점을 돋을새김하여 서평 형식으로 글을 써볼까 했다.

　그런데 가만히 고민해보니, 푸구이의 삶이 나의 신산했던 삶과 그리 다르지 않다는 데 생각이 미쳤다. 물론 내 가족이 푸구이의 가족처럼 잇따라 사망하는 사건은 없었다. 하나의 알레고리라 느꼈다는 말이다. 내 의지대로만 되지 않고 숱한 악운이 몰아닥치더라도 이를 감당하면서 담담히 달관의 자리에 오른 그 삶의 가치를 새겨두고 싶었다. 그래서 나는 숭고와 고상함을 구별하고 푸구이가 다다른 고상함의 자리를 높이 평가하는 독후감을 쓰기로 했다. 그리고 이런 글쓰기를 통해 남들은 모르는 나만의 삶의 상처가 치유되는 효과를 누렸다. 누구도 내 지친 어깨에 손을 얹고 괜찮다고, 잘 살아온 셈이라고 말해주지 않았지만, 한낱 독후감을 쓰면서 나는 그런 체험을 했다. 독후감, 하면 너무 낮추어 본다. 하지만 제대로 쓰면 그 효과는 놀랍다. 의미의 소비자에서 의미의 생산자로 전환하는 첫 걸음으로 독후감만한 것이 없다는 것을 다시 강조해놓는다.

　그렇다고 독후감으로 끝내라는 말은 아니다. 쓰려고 읽는, 또는 의미 수용자에서 의미 생산자로 전환하는 과정에서 가장 쉬우면서도 효과적인 방법이 독후감쓰기라는 말일 뿐이다. 여기서 읽기와 쓰기의 기본을 다졌다면, 자기가 지향하는 창조 영역의 쓰기로 나가면 된다. 소설가 지망생이라면 소설을, 시나리오 작가 지망생이라면 시나리오를 쓰면 된다. 인문학이나 과학을 공부해 전문가가 되고 싶은

　배우면 나와 세상을 이해하게 됩니다

이라면, 당연히 이 분야의 지식을 대중이 쉽게 이해하는 글이나, 자신의 사유나 실험결과를 대중과 공유하는 글쓰기로 나가면 된다.

길고 긴 과정 끝에 이른 결론은 놀랍게도 단순하다. 어떻게 하면 참된 공부의 자리에 다다를 수 있나? 어떻게 해야 인공지능 시대에 걸맞은 공부방식을 찾을 수 있을까? 읽고 토론하고 쓰면 된다. 인간 지성의 특징이 여기서 비롯되었고, 궁극에 창조성의 자리에 등극할 수 있는 바탕힘도 여기에 있다. 그런데 순서를 바꾸자. 쓰기가 맨 앞에 나와야 한다는 말이다. 단언하건대, 쓰려고 읽는 일이야말로 가장 미래적인 공부방법이다.

6장

다시 던지는 질문, 왜 공부해야 하는가

쓸모없음의
쓸모

공부의 가치와 방법을 이야기하다 보니, 효율성의 측면만 돋을
새김한 면이 있다 싶다. 학과 문의 정신으로, 그리고 비판적 사고
를 바탕으로 창조적 인물이 되자는 말이, 자칫 세상이 요구하는 경
쟁력 있는 인물이 되는 데 목표가 맞춰진 양 오해될 가능성이 크다
는 뜻이다. 물론, 공부를 통해 자신의 꿈을 이루는 사람이 되는 것 자
체를 부정할 일은 아니다. 그러나 어찌 그 지점에만 머물 수 있겠는
가. 만약 공부가 오로지 성취, 성공, 경쟁력만을 목표로 한다면, 우리
는 끝내 공부 중독에서 헤어나지 못할 터이며, 더 나은 세상을 이루
어내지도 못할 것이다. 지금껏 이야기한 부분이 의도치 않게 유용성

배우면 나와 세상을 이해하게 됩니다

을 강조했다면, 이제 공부의 무상성에 무게를 둔 이야기를 해야겠다. 당장에 어떤 효과가 있어서 공부하는 것이 아니다. 앞서 과학자의 자서전에서 볼 수 있듯, 나와 세계와 우주의 원리와 변화의 법칙에 대한 호기심, 그 문제를 푸는 과정에서 얻은 좌절과 성공이 안겨준 지적 희열이 공부하는 목적이다. 대가를 바라지 않았는데, 그 무엇과도 바꿀 수 없는 큰 대가를 받는 경우다.

다른 예를 살펴보자. 영국의 역사학자 홉스봄과 철학자 러셀은 공통점이 많다. 어린 시절 고아로 자랐고, 캠브리지 대학을 나왔고, 전세계에 명성을 떨친 학자로 성장했다. 다른 점은, 홉스봄은 가난하게 지냈고, 러셀은 영국 수상의 손자였다. 그만큼 가진 게 많았다는 뜻이다. 홉스봄은 진보주의자였고, 러셀은 자유주의자라는 점도 차이점이다. 그런데 두 사람이 외롭고 지치고 어려움에 놓인 유년시절을 책읽기로 이겨냈다는 회고담을 보노라면, 공부 또는 책읽기의 쓸모없음의 쓸모를 깨닫게 된다.

이집트에서 만나 결혼한 홉스봄의 부모는 제1차 세계대전이 끝나자 어머니의 고향인 오스트리아로 갔다. 워낙 이집트에서 잘나갔던 아버지인지라, 전쟁 이후 혼란기에 수완을 발휘하리라 여겼던 모양이다. 하지만 예상은 완전히 빗나갔다. 아버지는 잘 적응하지 못했다. 한겨울 생활비를 융통하러 외출했던 아버지는 집 앞에서 쓰러졌다. 심장마비였다. 아버지는 돌아가셨고 어머니가 받은 충격은 컸다. 돈이 없다고 너무 바가지를 긁어 무리하다 돌아가셨다 자책했다. 다행히 어머니가 직장을 잡았지만, 남편에 대한 마음의 짐 때문에 엄동설한에도 무덤에 가 울기 일쑤였다. 그러다 그만 폐병에 걸렸고, 끝내 돌아가시고 말았다. 졸지에 고아가 된 홉스봄은 얼마나 불행했을까. 그런데 그는 자서전에서 예상하지 못한 말을 한다. "그렇지만 그 시절이 아주 고통스러웠다고는 생각하지 않는다"라고. 이유가 무엇일까?

> 내가 어려운 상황을 무사히 헤쳐 나올 수 있었던 것은 아마도 내가 현실세계와 어느 정도 거리를 두면서 살았기 때문이 아닌가 싶다. 그것은 몽상의 세계도 아니었다. 나는 호기심, 탐구, 고독한 독서, 관찰, 비교, 실험을 하면서 주로 시간을 보냈다. 혼자서 라디오를 조립해보는 전무후무한 경험도 이때 해보았다.
>
> 에릭 홉스봄, 《미완의 시대》, 민음사

러셀도 어린 나이에 부모를 잇따라 잃는 불행을 겪는다. 어머니가 디프테리아로 돌아가셨고, 1년 반 뒤 아버지가 쇠약 증세로 고통을 받다 돌아가셨다. 러셀은 청교도 정신으로 똘똘 뭉친 할머니 밑에서 자라는데, 세대차이가 커 힘들어 했다. 아무리 돈과 권력, 그리고 명예가 있는 집안이라도 양친을 일찍 여의고 할머니 슬하에서 자

배우면 나와 세상을 이해하게 됩니다

란 소년이 얼마나 외로웠을지는 충분히 예상할 수 있다. 그런데도 러셀은 "유년기 초반 시절에는 행복했다"고 말한다. 놀라울 정도로 홉스 봄과 비슷한 이유를 든다.

어린 시절을 통틀어 내게 하루 중 가장 중요한 시간은 정원에서 혼자 보내는 시간이었으며 따라서 내 존재의 가장 강렬한 부분은 항시 고독했다. 나는 깊은 생각을 남들한테 잘 말하지 않았고, 간혹 말하더라도 곧 후회하곤 했다…(중략)…유년기를 거치면서 외로움도 커져갔고, 더불어 대화할 수 있는 사람을 행여 만나려나 기대하다 절망하는 일도 많아졌다. 완전히 실의에 빠진 나를 구해준 것은 자연과 책과 (좀 더 나중에는) 수학이었다.

버트런드 러셀,《인생은 뜨겁게》, 사회평론

세속적으로 성공하려고만 공부하는 것이 아니다. 한 존재가 감당하기 어려운 외부적 조건을 이겨내는 동기가 공부였고, 그 공부를 하다 보니 영광의 자리에 이르게 되는 법이다. 성취가 아니라 과정이 얼마나 중요한지 보여주는 적절한 사례다. 그런 점에서 우리가 흔히 쓰는 입신양명立身揚名이라는 말의 참뜻도 되새겨볼 필요가 있다.

되새겨보는
입신양명의 참뜻

입신양명의 사전적 의미는 "출세하여 이름을 세상에 떨침"이다. 공부를 왜 해야 하는가, 라는 질문에 그야말로 귀에 못이 박이도록 들은 대답이 이 말이었을 터다. 얼마나 확실한 목표의식인가. 현실적으로 많은 이가 이 목표를 이루기 위해 밤잠을 쫓아내며 공부했다.

그런데 정작 이 말이 어디에서 비롯했는지는 의외로 잘 모른다. 입신양명은 《효경》〈개종명의開宗明義〉에 나오는데, "신체발부身體髮膚, 수지부모受之父母, 불감훼상不敢毁傷, 효지시야孝之始也, 입신행도立身行道, 양명어후세揚名於後世, 이현부모以顯父母, 효지종야孝之終也"라는 구절에 포함되어 있다. 이 구절을 우리말로 옮기면 "몸 전체를 부모에게

배우면 나와 세상을 이해하게 됩니다

서 받았으므로 살면서 다치지 않는 것이 효도의 시작이다. 몸을 일으켜 도리를 실행하여 후세에 이름을 알려서 부모의 이름을 돋보이게 하는 것이 효도의 마무리다"가 된다.

흥미롭지 않은가. 입신양명은 일단 개인의 성공과 깊은 관련이 있는 것으로 알고 있는데, 원문을 보면 효도를 하기 위해서다. 나를 위해서가 아니라 부모를 위해서 입신양명해야 하니, 오늘의 이해와는 분명히 다른 점이 있다. 더 중요한 것은 입신하여 양명하는 것이 아니라, 입신해서 도를 행해야 양명하게 된다는 점이다. 오늘날에는 도를 실천한다는 행동의 개념이 빠져 있다. 본디 뜻은 수단과 방법을 가리지 않고 양명하라는 것이 아니라는 점에서 충격을 준다. 생각해보라. 통치자가 왕도를 펼친다면 그 길을 함께 걸으면 되니 양명하기가 쉽다. 그러나 만약 그가 폭군이라면, 도를 행하는 이는 어떤 역할을 해야 하는가? 정의롭게 맞서 싸워야 한다. 그래야 비로소 이름을 알리는 것이다. 그 길은 가시밭길이다. 우리가 생각하는 입신양명하고는 뜻이 다르다. 신정근 교수도 이 점을 날카롭게 지적했다.

우리는 이 〈개종명의〉의 내용을 입신양명으로 줄여서 기억한다. 하지만 원문을 잘 살펴보면 '입신'과 '양명' 사이에 '행도行道'(도리를 실행한다)가 있다. 이를 지나쳐서는 안 된다. 흉악한 범죄를

저질러서 언론에 이름이 오르내리는 사람이 있다고 하자. 그의 부모도 누구인지 밝혀지며 여론의 주목을 받게 될 것이다. 이때 그가 자신은 이름을 알렸으니 효도했다고 하면 뭐라고 할까? '행도'가 있기 때문에 '범죄로 부모의 이름을 알리는 것은 효도가 아니다'라고 말할 수 있게 된다. 이처럼 〈개종명의〉의 내용을 '입신양명'으로만 요약하게 되면, 출세지향적 사고를 권장하는 오류를 낳을 수 있다. 이것은 효경의 본래 뜻이 아니므로 주의를 기울일 필요가 있다.

신정근,《맹자 여행기》, H2

다른 차원에서 이 구절을 살펴보자. 입신행도양명은 동양적 사유방식에서 한 사람의 성장과정을 압축해서 보여준다고 하겠다. 입신하려면 어떻게 해야 하겠는가. 공자가 서른에 이립하였다 하였는데, 그 전단계가 열다섯의 지학이었다. 공부에 뜻을 두어야 입신하게 된다. 입신한 다음에는, 지행합일이라 도에 따라 삶을 살아야 한다. 여기서 말하는 도란, 사람이 마땅히 따라야 할 윤리적 준칙이라 여기면 되겠다. 그러면 저절로 세상에 이름을 알리게 된다. 자기 PR이라며 아무리 포장하더라도 세상은 오랫동안 속지 않는다. 향 싼 주머니에서는 향내 나고 생선 묶은 새끼줄에서는 비린내 나는 법이다. 그 사람이 정직하고 정의롭게 살지 않으면 그동안 일구어온 모

배우면 나와 세상을 이해하게 됩니다

든 성과는 일거에 무너지게 마련이다.

　유가사상에 관심 있는 사람은 눈치챘겠지만, 이쯤해서 《대학》의 팔강령이 떠오를 터다. 격물格物, 치지致知, 성의誠意, 정심正心, 수신修身, 제가齊家, 치국治國, 평천하平天下가 바로 그것이다. 앎이 확장하여 나를 변화시키고, 그 변화된 내가 결국에는 세상을 평화롭게 해야 한다. 거꾸로 말하면, 세상을 평화롭게 하는 이가 누구냐 하면 나와 세계와 우주의 근본원리를 파헤치고자 하는, 공부하는 사람이다. 이러니, 수기치인修己治人이나 내성외왕內聖外王이란 말이 나올 밖에. 수기한 사람이 치인할 수 있다 했으니, 이를 8조목에 적용하면 격물, 치지, 성의, 정심, 수신은 수기에 해당하고, 제가, 치국, 평천하는 치인에 관련될 터다. 수기는 나를 위한 공부, 즉 위기지학爲己之學이며, 치인은 세상을 위한 공부, 그러니까 위인지학爲人之學이다. 공자가 누누이 위인보다 위기를 더 강조한 것은, 나의 도덕적 인격적 완성을 이룬 다음, 또는 그 지경에 이른 만큼 세상을 바르게 다스릴 수 있다 보아서였을 터다.

타인의 고통을
상상하는 힘

군자라는 말 자체를 곱씹어보면, 이를 알 수 있다. 군자는 일차적 의미는 임금의 아들이다. 이를 현대적으로 풀이하면 정치인이라 할 수 있다. 그런데 군자에는 또 다른 의미가 있다. 우리가 흔히 도덕군자라고 할 때 그 군자는 이상적 인물이라는 뜻이다. 그러니, 도덕군자가 군자를 해야 마땅하다 본 셈이다. 도덕적으로 완성된 사람이 정치를 해야 한다는 말이다. 그렇다면 어떻게 해야 도덕군자가 될 수 있을까? 공부가 그 길이라 보았다는 점을 앞에서 말한 바 있다. 거룩한 사람이 정치를 해야 한다는 내성외왕도 같은 뜻으로 풀이할 수 있다. 이 지점에 이르면, 공자의 자서전이 이해된다. 15세에 공부하기로 마음을 먹은 다음, 30세에 독자적인 영역을 이루었고, 40

배우면 나와 세상을 이해하게 됩니다

세에 자기가 걸은 삶의 길을 후회하지 않았고, 50세에는 한계를 깨달았고, 60세에는 비판하는 남의 말을 잘 들었고, 마침내 70세에는 어떻게 행동하더라도 도리에 어긋나지 않았다. 공부하기로 마음먹고 평생에 걸쳐 그 길을 걸었더니, 어떻게 행동하더라도 하늘의 뜻에 어긋나지 않았다 했다. 아, 이것은 얼마나 놀라운 일이던가. 오로지 공부를 해서 성聖에 이르는 순간이요, 한낱 학學이 교教가 되는 순간이지 않던가! 공부하는 이유는 바로 이 자리에 이르기 위해서다. 감히 물어보자. 우리가 이를 목적으로 공부한 적이 있는가, 라고! 입신하여 양명하자고 공부했을 뿐, 거룩한 참된 사람이 되려고 공부한 적이 있는가? 반복하거니와, 공부의 궁극적 목적은 성인 만들기에 있었던 셈이다.

맹자는 인간다운 삶을 한마디로 불인인지심不忍人之心, 그러니까 차마 남의 고통을 외면하지 않는 마음이라 했다. 기실, 이 마음만 있다면 세상의 모든 골칫거리는 두루 해결될 터이다. 나만 잘 되겠다는 이기적인 마음이 온갖 부작용을 낳고 있다. 공자도 인을 설명하면서 극기복례라 했다. 나만 위한 마음을 버리고 관계의 사회성을 획득해야 한다 했다. 불인인지심을 현대적으로 풀이하면 공감이라 할 수 있을 테다. 다른 사람이 겪고 있는 고통을 모른 척하지 않는 연민의 감정을 일컬으니까 말이다. 그런 점에서 오늘의 우리가 회복해야 할 공부의 가장 중요한 미덕은 공감능력이라 할만하다. 문학의 본질이 무엇인지 답변하면서 인문학 전반의 본질이 공감에 있다는 다음의 글을 보노라면, 이 같은 견해에 동의할 터다.

여기서 새삼스럽지만 문학의 본질을 어디에서 찾을 수 있을까 점검해 볼 필요가 있다. 문학에는 무엇이 필요한가에 대한 사유는 언제나 우리를 문학이란 무엇인가, 문학은 무엇을 할 수 있는가의 질문으로 이끌어간다. 문학의 본질로서 성찰과 공감에 대해 얘기하는 것은 고전적이면서도 보편적인 논의라고 할 수 있겠다. 공감이란 용어는 문학뿐만 아니라 윤리학이나 심리학 분야에서도 집중적으로 다루어지고 있다. 특히 철학에서는 이성중심주의에 대한 반성과 함께 공감을 강조한다. 그리고 성찰이란 자기동일성을 기초로 자신을 돌이켜보고 깊이 생각하는 것을 의미한다.

강연호, '공감과 성찰로서의 문학적 상상력과 인문학',

《원대신문》 2016년 3월 1일자

이 시대에 우리는 왜 공부해야 하는가? 그 어떤 목적과 가치를 말하더라도 양洋의 동서를 아우르고 시간의 고금古今을 포함해 절대 포기할 수 없는 것이 바로 타인의 고통을 상상하는 힘을 키우기 위해서다. 그런데, 우리는 공감의 감수성을 키우는 공부를 해왔던가?

배우면 나와 세상을 이해하게 됩니다

이제, 이 책을 마무리하는 나부터 고백한다. 그저 부끄러울 따름이라고 말이다.

| 참고도서 목록 |

1장. 막 내린 '공부 전쟁'의 시대

• 엄기호·하지현 저,《공부 중독》, 위고(2015)
• 우석훈·박권일 저,《88만원 세대》, 레디앙(2007)

2장. 옛 사람이 실천한 참된 공부의 길

• 맹자 저, 박경환 역,《맹자》, 홍익출판사(2005)
• 박성규 저, 공자《논어》, 서울대학교 철학사상연구소(2005)
• 이기동 저,《서경강설》, 성균관대학교출판부(2011)
• 류종목 저,《논어의 문법적 이해》, 문학과지성사(2000)
• 배병삼 저,《논어, 사람의 길을 열다》, 사계절(2005)
• 노명우 저,《프로테스탄트 윤리와 자본주의 정신, 노동의 이유를 묻다》,
사계절(2008)

3장. 자서전으로 배우는 공부의 가치

• 장회익 저,《공부 도둑》, 생각의나무(2008)
• 리처드 파인만 저, 김희봉 역,《파인만 씨, 농담도 잘하시네!》,
사이언스북스(2000)
• 에드워드 윌슨 저, 이병훈 역,《자연주의자》, 사이언스북스(1996)
• 프리먼 다이슨 저, 김희봉 역,《프리먼 다이슨, 20세기를 말하다》,
사이언스북스(2009)

4장. 공부는 사고의 혁명이다

- 토마스 쿤 저, 홍성욱 역,《과학혁명의 구조》, 까치글방(2013)
- 홍성욱 외 저,《고전강연 5》, 민음사(2018)
- 마이클 셔머 저, 류운 역,《왜 사람들은 이상한 것을 믿는가》, 바다출판사(2007)
- 유발 하라리 저, 조현욱 역,《사피엔스》, 김영사(2015)
- 안광복 저,《소크라테스의 변명, 진리를 위해 죽다》, 사계절(2004)
- 아리스토텔레스 저, 이창우 외 역,《니코마코스 윤리학》, 이제이북스(2006)

5장. 이제, 의미의 소비자에서 의미의 생산자로

- 정재승 저,《열두 발자국》, 어크로스(2018)
- 고미숙 저,《공부의 달인, 호모 쿵푸스》, 북드라망(2012)
- 제러미 벤담 저, 신건수 역,《파놉티콘》, 책세상(2007)
- 엄기호 저,《공부 공부》, 따비(2017)
- 위화 저, 백원담 역,《인생》, 푸른숲(2007)

6장. 다시 던지는 질문, 왜 공부해야 하는가

- 에릭 홉스봄 저, 이희재 역,《미완의 시대》, 민음사(2007)
- 버트런드 러셀 저, 송은경 역,《인생은 뜨겁게》, 사회평론(2003)
- 신정근 저,《맹자 여행기》, H2(2016)

다음 세대에 전하고 싶은 한 가지는 무엇입니까?

다음 세대를 생각하는 인문교양 시리즈 **아우름**

아우름 시리즈는 계속 출간됩니다.

아우름 34

배우면 나와 세상을
이해하게 됩니다

1판 1쇄 발행 2018년 12월 20일
1판 4쇄 발행 2022년 12월 15일

지은이 이권우
펴낸이 김성구

콘텐츠본부 고혁 조은아 김초록 이은주 김지용
디자인 이영민
마케팅부 송영우 어찬 김하은
관 리 김지원 안웅기

펴낸곳 (주)샘터사
등 록 2001년 10월 15일 제1-2923호
주 소 서울시 종로구 창경궁로35길 26 2층 (03076)
전 화 02-763-8965 (콘텐츠본부) 02-763-8966 (마케팅부)
팩 스 02-3672-1873 **이메일** book@isamtoh.com **홈페이지** www.isamtoh.com

ISBN 978-89-464-2095-3 04000
ISBN 978-89-464-1885-1 04080 (세트)

값은 뒤표지에 있습니다.
잘못 만들어진 책은 구입처에서 교환해드립니다.